Anna-Maria Schneider

Der Weg zur Persönlichkeit

Menschenkenntnis von Kopf bis Fuß

Wissenschaft nach Carl Huter

Fuß- und Gesichtsanalysen mit Fallbeispielen

Verlag des
Psychotherapeutischen Instituts Bergerhausen

ISBN 978-3-928524-60-5

Anna-Maria Schneider

Der Weg zur Persönlichkeit

Menschenkenntnis von Kopf bis Fuß

Wissenschaft nach Carl Huter

Fuß- und Gesichtsanalysen mit Fallbeispielen

Verlag des Psychotherapeutischen Instituts Bergerhausen

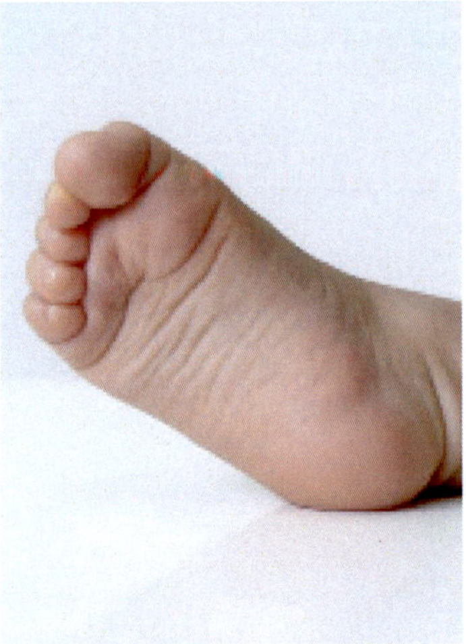

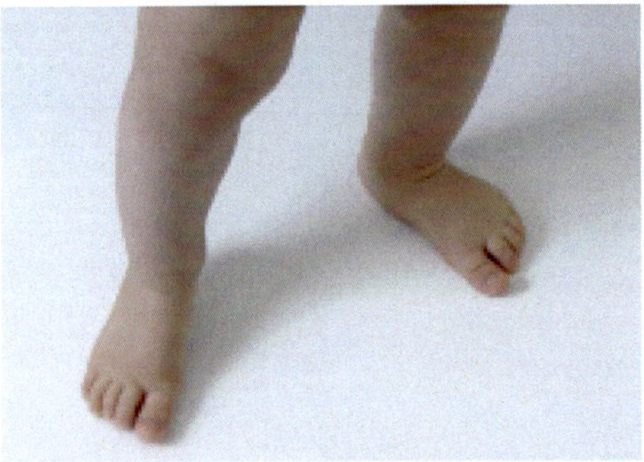

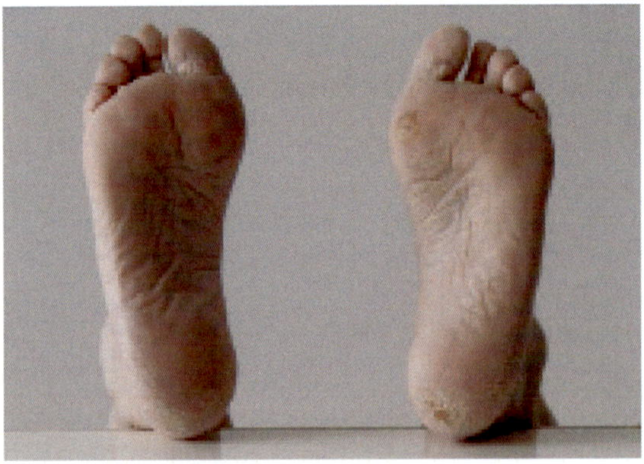

Inhalt

Danksagung

Mein besonderer Dank gilt Elisabeth Hofmann, durch die ich zur Physiognomik kam, Prof. Dr. hc. Walter Alispach für die fundierte Ausbildung, Monika Imboden und Otto Gerold für die physiognomischen Vorträge, die Physiognomie-Kongresse in der Schweiz und Deutschland, Wilma Castrian für die Weiterbildung, Ilona Weirich für die Mitgestaltung des Buches, Paul Reinmann für den Ansporn, Artikel in der Physiognomie-Zeitschrift ‚Form und Geist' zu schreiben, meiner Lektorin Johanna Diarra für das Sortieren und Korrekturlesen der zahlreichen Manuskripte, und meiner Familie, Freunden und Bekannten, die mich während der Arbeit unterstützt haben.

Ein Begleitwort

für das 1. Buch der A.-M. Schneider

„Wer 10 Jahre Einblick gewonnen und den Segen der Psycho-Physiognomik erlebt hat, sollte ein Buch schreiben!"

Die Sekundär-Literatur, die sich aus den Erkenntnissen des Carl Huter vorfindet, ist vielfältig.
Da ist aber das, was sich aus dem Erfahrungsraum, aus der Praxis für die Praxis, zur Verfügung für alle Freunde der Ausdruckskunde ergibt, besonders interessant.

Anna-Maria Schneider hat ihre Lebenserfahrung zum 150. Geburtstag des Begründers der Psycho-Physiognomik zum Geschenk gemacht.
Wir danken ihr für ihre Mühe, Arbeit und Liebe zum Thema.

Wilma Castrian

Vorwort

Ziel dieses Buchs ist das Annehmen: „Ich bin, wie ich bin“. Das Empfinden der Freude mit dem Körper und das bewusste Leben mit der eigenen Persönlichkeit; ein liebevoller Umgang mit der Selbsterkenntnis; Selbstliebe und Selbstachtung. Eine besondere Aufmerksamkeit und Erkenntnisse von Gesicht und Füßen. Die Analysen von Kopf bis Fuß sind eine Erweiterung der physiognomischen Fachbücher mit Erfahrungen aus der medizinischen Fußpflege und Praxis. Sie dienen der Selbsterkenntnis und Entwicklung der Persönlichkeit, um das innere Gleichgewicht zu finden. Bei den meisten Analysen wurden aus Datenschutzgründen die Namen der betreffenden Personen von der Redaktion geändert.

Die Lektüre dieses Buches kann tiefgreifende Erkenntnisse beim Einzelnen bewirken. Manchmal kann es deshalb nötig sein, eine kleine Ruhepause einzulegen. Es empfiehlt sich auch, je nach Bedarf ein Gebiet herauszusuchen. Begriffe, Worte, Gedanken und Gefühle sind nicht einerlei, alles hat seine Wirkung. Schicksale und Erlebnisse, die nicht verarbeitet wurden, zeigen Spuren im Gesicht und an den Füßen.

Praktiker für Fußanalysen betreiben keine Einmischung in die medizinischen Aspekte der Gesundheit. Bei Beschwerden werden die Betreffenden immer zum Arzt geschickt. Bei der Analyse wird nicht behauptet, heilen zu können. Es ist eine gemeinsame Arbeit mit dem Klienten. Die Analyse dient der Selbsterkenntnis und Entwicklung der Persönlichkeit, um das innere Gleichgewicht zu finden. Es ist eine Methode des Vertrauens, um die Menschen in jedem Alter zu fördern und ihnen weiterzuhelfen. In punkto Wissenschaftlichkeit sei an dieser Stelle auf das Schlusswort verwiesen, wo auch auf diesen Begriff näher eingegangen wird.

Ich bitte an dieser Stelle die Leser und Leserinnen um Verständnis für die häufige Benutzung der männlichen Form zum Beispiel bei Berufsbezeichnungen oder ähnlichem. Selbstverständlich sind hier zumeist weibliche und männliche Personenkreise angesprochen, und der sprachliche Ausdruck soll allein der Vermittlung von Sach-(Er-)Kenntnis und nicht der Bevorzugung verschiedener Menschen dienen.

Es soll ebenfalls nicht gewertet werden, wie andere Menschen aussehen, wichtig ist es, das eigene liebende Herz zu öffnen und zu lesen aus Gesicht und Füßen, um das zu erkennen, was ist. Das Mitempfinden tut uns wohl, es gibt ein Gefühl der Anerkennung und verleiht Kraft. Man kann realistisch sein und mit anerkennenden Worten dem Ratsuchenden weiterhelfen. Kinder wollen gefördert werden an ihren Werten, Talenten und Kräften. Tadel und Erwartungshaltungen blockieren das Kind und auch Erwachsene. Verlust an Energie ist die Wirkung. Ein verständnisvolleres Miteinander und ein achtvoller Umgang stärkt das Wohlbefinden und gibt Kraft und Energie für die täglichen Aufgaben. Denn alle Geschöpfe wollen anerkannt, geliebt und geachtet sein, das ist ein täglicher Wettlauf. Jeder braucht mit seinen Werten, Kräften und Talenten seinen Platz, im Beruf wie privat, wie auch in der Familie. Naturordnungen, geistige Gesetze sollten mit einem Ehrgefühl und mit Hochachtung gelebt werden. Vieles im Leben erklärt sich mit der Selbsterkenntnis. In diesem Buch können Sie einzelne Erkenntnisse und Zusammenhänge erfahren, die Ihnen ein umfassenderes Bild von sich selbst vermitteln sollen.

Wie ich zu den Füßen kam

Ich bin in einer Familie mit fünf Kindern in der schönen Bergwelt Tirols aufgewachsen. In den Monaten ohne „r“ wurde dort barfuß gelaufen. Von Mai bis August spielten also für uns Kinder und für viele Erwachsene die Schuhe keine Rolle. In den Siebziger Jahren durfte man plötzlich die Füße nicht mehr zeigen und wer keine Schuhe oder nur Sandalen trug, galt als arm. Das Fußgefühl, dass ich während der Kindheit entwickelt hatte, ist mir dennoch geblieben.

Schon als 4-jährige bin ich mit der Fußschüssel gelaufen und erfühlte, dass Vater seine müden Füße pflegen sollte, wenn er von seinem 12-stündigen Arbeitstag auf dem Bau, als Zimmerermeister und Baumeister nach Hause kam. Ich schaute mir gerne die Füße an und streichelte sie.

Mit acht Jahren erkrankte ich an Kinderlähmung. Ein halbes Jahr lang musste ich überall hin gefahren werden, da ich nicht laufen konnte. Heute weiß ich, dass es mein Vertrauen in die Schutzengel, der tiefe Glaube, die gute und liebende Fürsorge der Eltern und eines Arztes waren, die mich wieder gesunden ließen. Leicht krumme Zehen blieben mir zurück, die dann im Laufe der Zeit mit der Erkenntnis der Füße, häufigem Barfußlaufen und entsprechenden Übungen gerade wurden.

Das nächste große Erlebnis: in meiner Berliner Zeit konnte ich mir zum ersten Mal eine Fußpflege mit Massage leisten. Das bedeutete für mich Wohlgefühl und war ein besonderes Erlebnis.

Ein weiteres Erlebnis hatte ich bei meiner Mutter am Sterbebett; die Füße berührten mein Inneres sehr tief. Ich sah, wie sich die Zehen veränderten und die Strahlung Helioda zurückging.

Meine Sehnsucht wuchs und die Freude und der Drang nach dem Erkennen dessen, was an den Füßen zu sehen ist. Ich fing an zu überlegen: Was im Gesicht zu sehen ist, muss ich doch auch an den Füßen lesen können. Gesichter lesen konnte ich, Füße noch nicht.

Ich ließ mich als Fußspezialistin bei der medizinischen Fußpflegeschule Ruck in Pforzheim ausbilden. Es war zu der Zeit eine der besten Ausbildungen. Für mich war das ein wunderbarer Erfolg. Damit hatte ich ein fundiertes Wissen von den Füßen und der Anatomie der Füße und konnte die Behandlungen durchführen, die in der Fußpflege gebraucht werden. Die Spangentechnik, eine gute Sache, um von den Schmerzen bei eingewachsenen Nägeln zu befreien. Der Umgang mit dem Skalpell, um die

Hornhaut und Hühneraugen zu entfernen. Andere Behandlungsmöglichkeiten für eingewachsene Nägel, Fersenrisse, den Hallux valgus, wenn er nicht zu weit fortgeschritten war. Verhornte Nägel wurden von mir fachgerecht behandelt, die Nägel wuchsgerecht geschnitten. Dazu kam die Fußmassage, mit einer Besonderheit: einem Fußmassage-Griff zum Lösen von Blockaden an den Füßen. Und der ganze Körper fühlte sich bei den Klienten frei an. Alle bestätigten mir ein Wohlgefühl, wie sie es noch nie hatten. Und dieser Griff half auch noch, Schmerzen am Ballen zu lindern (Hallux valgus).

Ich war jedoch nicht zufrieden, denn ich suchte nach den Ursachen. Von was kamen solche Schmerzen und Deformationen bei den Füßen? Immer hörte ich, die Schuhe seien es. Ich gab mich mit all den Informationen von außen nicht mehr zufrieden und forschte und suchte weiter, bis ich die tiefen Erkenntnisse bekam und die Zusammenhänge vom Gesichterlesen über die Organsprache im Gesicht mit den Reflexzonen der Füße entdeckte. So lernte ich zunächst mit dem Fußbuch von Norbert Glas (siehe Literaturhinweise).

Ich forschte weiter, um die Zusammenhänge zwischen den Gedanken und Gefühlen zu verstehen. Es gelang mir dank der vielen Physiognomiekurse und Fußseminare[1] und mit den Ratsuchenden, die zu mir kamen – ich war damals noch mit meiner Familie im Schwarzwald – um ihre Füße behandeln zu lassen. Ich staunte, von wo meine Ratsuchenden alle herkamen. Das Einzugsgebiet reichte von ganz Deutschland/Österreich über die Schweiz und Holland bis nach Frankreich.

Somit bekam ich die Bestätigung für meine Erkenntnisse. Mit meiner eigenen Seminartätigkeit, besonders Fußseminaren, war ich dann selbst jahrelang regelmäßig unterwegs, oftmals bis

---

1) Als Vortragende und Lehrer seien hier stellvertretend die folgenden genannt: Dr. H. C. Walter Alispach, Wilma Castrian, Liselotte Eder, Paul Scherer, Karlheinz Raab, Natale Ferronato, Walter Schell, Monika Imboden, Dr. Beat Imhof, Rudolf Passian, Anette Müller✝, Freytag und viele andere

ein Uhr in der Frühe. Es war so spannend, dass kein Teilnehmer ging, bevor er nicht eine kurze Analyse von den Zehen und Füßen und zum Wohlbefinden eine Fußmassage bekam. Innigen Dank an meine Familie, Freunde und Bekannte für das Verständnis und die Unterstützung, die mir damals zuteil wurde. Seither ist viel Zeit ins Land gegangen, und es ist höchste Zeit, das Ergebnis meiner jahrzehntelangen Forschungen einem größeren Publikum zukommen zu lassen. Eines ist für mich zumindest seit langem sicher:

Das Krummwerden von Zehen und Füßen hat *nicht* ausschließlich mit Schuhen zu tun.

Wichtig für die Fußbeweglichkeit ist der Gehvorgang.

Viele Deformationen der Füße entstehen durch mangelnde Beweglichkeit der Füße und der Zehen. Für die Zehenbeweglichkeit wichtig ist das Beugen der Zehen, das Strecken der Zehen, das Anziehen und Abziehen der Zehen, das Spreizen der Zehen.

Der Gehvorgang hat damit einen großen Einfluss auf das Krummwerden. Wenn nicht im Dreiklang gegangen und richtig abgerollt wird (siehe Kapitel ‚Gehvorgang'), dann fehlt eine standfeste Basis. Der Gehvorgang und die Zehen verändern sich durch die Psyche. Ungleiche Vorgänge beim Denken und Fühlen führen zum Krummwerden der Zehen und Füße.
Das gleichmäßige Auftreten auf der Fußsohle – Ferse, Ballen, Zehen – und das Kreisen des Sprunggelenks verleiht Gleichgewicht.

Barfuß gehen ist das Gesündeste für die Füße. Das Betreten von Wald, Kies, Sand, Wasser, Wiesen ist optimal. Die Gestaltung von Barfußwegen, mit verschieden beschaffenen Böden ist sehr zu empfehlen. Zurück in die Natur – das stärkt Körper, Geist und Seele.

Die Schuhe tragen auch einen Anteil bei.

Wenn wir gerade nicht barfuß gehen, dann bitte mit Schuhen, die zum Fuß passen. Werden Stöckelschuhe getragen, sollte das immer wieder mit einem flachen Schuh ausgeglichen werden, wenn möglich wieder mit Barfußlaufen. Schuhe sollten ein gutes Fußbett haben und gebunden werden, ein Klettverschluss sollte flexibel anpassbar sein. Bei der Verarbeitung von Schuhmaterial sollte auf gute Nähte geachtet werden und auf die Qualität des Materials. Echte Lederschuhe werden von den meisten Menschen bevorzugt. Leinenmaterial oder andere Stoffe kann die betreffende Person sich zum individuellen Wohlbefinden aussuchen. Naturmaterialien erfreuen den Körper.

Wichtig ist, dass das passende Schuhwerk getragen wird, je nach Unternehmungen. Dennoch gibt es viele Menschen, die nur noch den Turnschuh tragen, gleich zu welchem Anlass. Ich sehe Menschen mit Joggingschuhen im Konzert, beim Tanzen, Wandern und Berggehen. Es sind Frauen wie Männer, die dieser Gleichgültigkeit unterliegen. Die Füße tragen uns und gehen täglich mit uns durch das Leben. Es ist wichtig, wo wir hinschreiten, und die Füße fühlen sich wohl im passenden Schuh für jeden Anlass: im Freien zum Laufen einen festen Laufschuh, in der Halle einen Turnschuh, für die Straße einen bequemen Straßenschuh, zum Tanzen einen Tanzschuh mit glatter Ledersohle – das Schuhwerk sollte bei jedem Anlass passen. Das Wohlbefinden für die Füße beginnt beim richtigen Auftreten in den passenden Schuhen.

Schon Erziehung spielt eine wesentliche Rolle für die Füße

Ausgeglichene Mütter/Eltern geben dem Kind Zuneigung und genügend Freiraum zur Selbstentwicklung, wie es das Kind im Bild unten genießt. Liebe und Vertrauen fördern das Kind nach seinen Stärken und Anlagen. Nach Möglichkeit lassen sie das Kind genügend barfuß laufen.

Bei diesem gesunden und ausgeglichenen Kind haben die Eltern zusätzlich die Möglichkeit zu erkennen, dass besonders auf die Entwicklung des Willens zu achten ist, da der zweite Zeh zurückgestellt ist. Näheres dazu siehe Kapitel „Zehenlesen".

Oftmals ist es so, dass die Eltern Hilfe bräuchten, aber die Kinder werden therapiert. Wenn die Eltern ständig in Spannung leben, verhärten sich beim Kind die Emotionen, je länger diese festgehalten werden, desto härter werden auch die Stellen am Fuß. Das Ergebnis sind Verhärtungen in der Muskulatur; Hornhaut bildet sich. Am vierten Zeh (Familie) zeigt sich bei den Kindern das Krummwerden.

Mütter/Eltern, die sich von ihren Kindern nicht frei machen, sich lösen, haben meist krumme und eingezogene Zehen. Da ist dann ein optimaler Gehvorgang nicht mehr gut möglich.

Ich staune immer wieder, wenn Menschen umgedacht, sich angenommen haben und loslassen, wie sich die Zehen wieder verändern. Es ist nie zu spät. Angst, Spannung, Druck muss raus, und es kommt dann wieder zur Entfaltung und das Krumme wird wieder gerader.

Die erste Begegnung für mich in diesem Sinne war eine 80jährige Frau, sie litt seit 40 Jahren an eingewachsenen Nägeln. Ich fragte mich durch, ob sie wusste, wann es begonnen hatte? Vertraute Gespräche entwickelten sich. Sie begann mit Erlebnissen vor 40 Jahren, die ihre Seele sehr berührten, und sie kam immer mehr in das Festhalten hinein. Ihre Zehen waren wie eine Klammer, sie hielt alles fest. Die Fußnägel konnten sich bei ihr nicht mehr entfalten. Sie wuchsen ein, wenn es um die Themen aus der Vergangenheit ging: sie hatte im Krieg alles verloren, ihr Mann war sehr früh gestorben. Der Sohn heiratete eine Frau, mit der sie nie zurecht kam. Er wurde ein berühmter Koch und konnte sie wenig besuchen. Sie war gutmütig und liebevoll. In ihrem Inneren litt sie unter diesem Verlassensein. Durch die anerkennenden Worte, die ich mit ihr sprach, fühlte sie in ihrer Seele Erleichterung. Das Einwachsen der Nägel wurde etwas besser. Ich war dadurch bestätigt, dass die Kraft der Sprache und Worte mitunter wichtig und sogar unabdingbar für unsere Gesundheit ist.

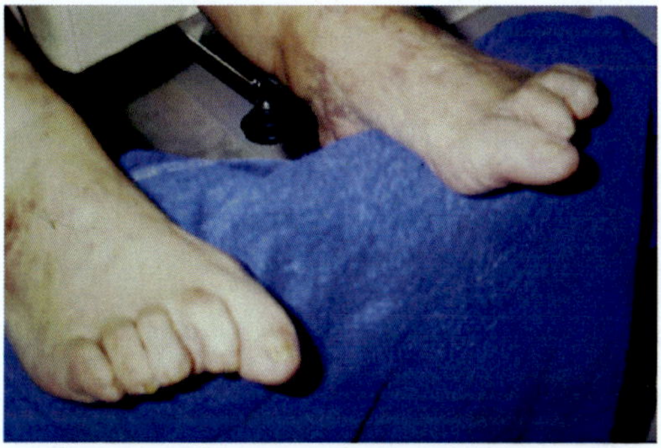

Mittlerweile besteht meine Erfahrung mit den Füßen darin, dass ich während der vergangenen 20 Jahre Tausende von Füßen analysierte. An dieser Stelle möge ein Dank von mir an alle Menschen gehen, die mir Auskunft gaben zu den Fragen, die ich stellte. Für viele Menschen stellt sich die Frage, wie sie mit Erlebnissen und Schicksalen fertig werden sollen. Ein Erfolg ist, wenn das Wohlbefinden wiedererlangt wird, die Selbstliebe und die Anerkennung und Dankbarkeit zum eigenen Leben, den eigenen Eltern und zu sich selbst im Urvertrauen. Dann beginnt die Leichtigkeit im Sein. Ein Zitat von Charly Chaplin: Wo ich begann, mich selbst zu lieben, spürte ich die Wahrhaftigkeit, wo ich begann mich selbst zu lieben, wurde ich authentisch mit mir. Wo ich begann mich selbst zu lieben, lebte ich meine Talente und Werte, wo ich begann mich selbst zu lieben, tat ich das, was mir Freude bereitet, und diese Freude konnte ich weitergeben.

Das Naturellschema in Farbe – Mann

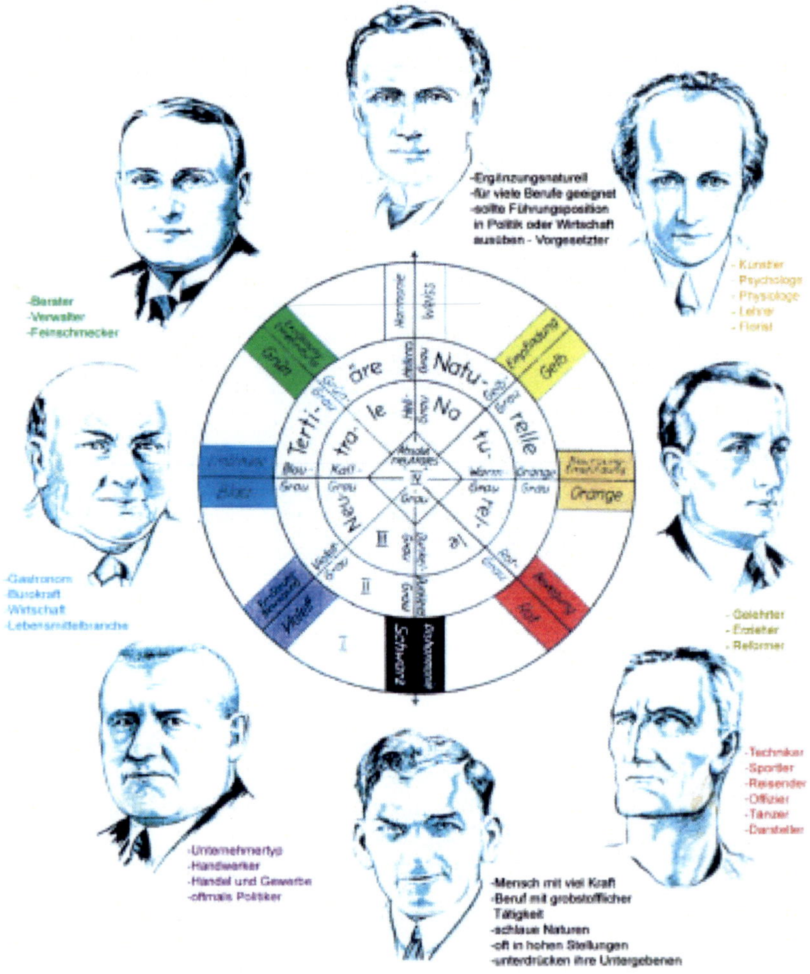

Anna Maria Schneider - www.physiognomika.de
Fachpraxis für Psycho -Physiognomie und Fuß - Analyse

Was ist Psycho-Physiognomik

Psycho-Physiognomik ist die Lehre vom Ausdruck der Körper-/Kopf-/Gesichts- und Augenformen, der Mimik, der Gestik, der Gebärden, der Körperhaltungen. Sie ist die Lehre vom Ausdruck der individuellen Persönlichkeitsmerkmale, Neigungen, Talente und Begabungen, der sozialen Fähigkeiten und des Seelenlebens.

Die Psycho-Physiognomik bietet die Möglichkeit, sich und andere besser zu erkennen, zu verstehen und in der Einzigartigkeit anzunehmen, zwischenmenschliche Beziehungen klarer werden zu lassen und neue Wege des Zusammenlebens zu finden, sowie persönliche Begabungen und schöpferische Neigungen zu erkennen, zu fördern und zu nutzen.

Die Psycho-Physiognomik und Füßio-gnomik ist die praktisch angewandte Menschenkenntnis von Kopf bis Fuß. Sie gibt uns eine große Lebensbereicherung und neue Sinnerkenntnis und fördert so die psychische und physische Gesundheit.

„Wie innen so außen" ist es mit der Kenntnis und dem Wissen von der Psycho-Physiognomik nach Carl Huter möglich, den Charakter und das Wesen eines Menschen aus seiner äußeren Erscheinung und seinen Gesichtszügen zu erkennen.

Hauptwerk von 1904 - die Naturell-Lehre.

Ich möchte hier kurz die drei Grundnaturelle, von 32 erforschten Naturellen aus dem Hauptwerk Carl Huters vorstellen, um eine Übersicht von Naturell und Füßen im Zusammenhang zu bekommen. Für ein intensives Lernen/Studium der Psycho-Physiognomik werden in Deutschland, Österreich und der Schweiz Seminare und Schulungen gegeben. Weiterführende Bücher zu diesem Thema sind im Literaturverzeichnis am Ende dieses Buches zu finden.

Die Keimblattentwicklung als Grundlage der Naturell-Lehre nach Carl Huter

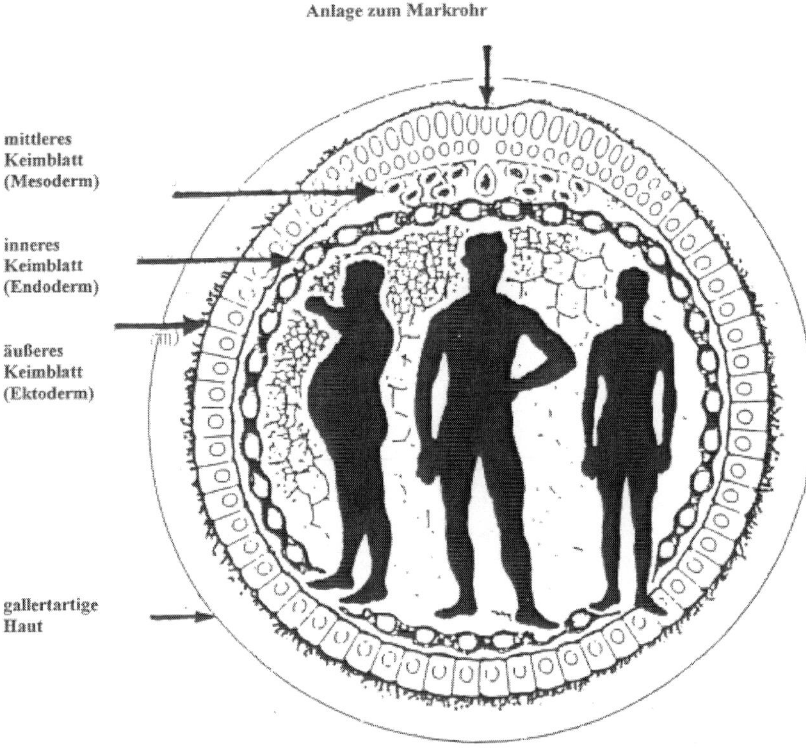

Aus den Zellen des inneren Keimblattes (Endoderm) entsteht das Ernährungssystem des Menschen. Aus den Zellen des mittleren Keimblattes (Mesoderm) entwickelt sich das Bewegungssystem und aus den Zellen des äußeren Keimblattes (Ektoderm) das Empfindungssystem.
Je nachdem, welches System bei der Vererbung und Entwicklung bevorzugt wird, entsteht

- das Ernährungsnaturell
- das Bewegungsnaturell
- das Empfindungsnaturell

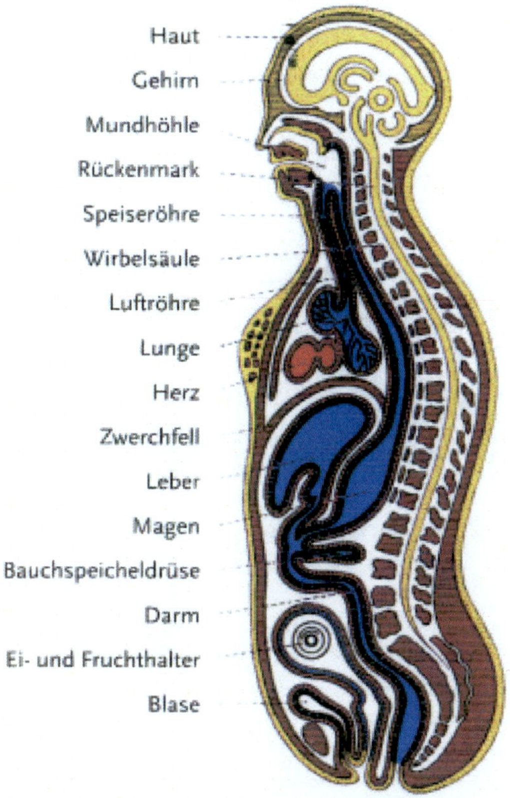

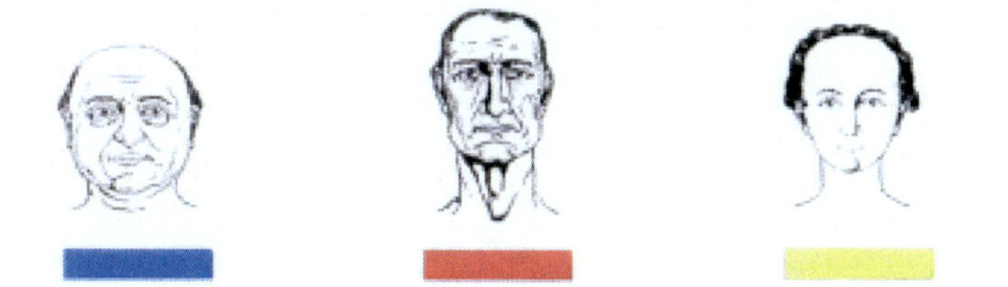

Vorherrschen des Ernährungssystems

Vorherrschen des Bewegungssystems

Vorherrschen des Empfindungssystems

Merkmalsprotokoll der drei primären Naturelle

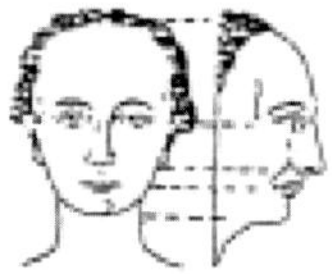  

	Empfindungs-Naturell (Ektoderm)	**Bewegungs-Naturell** (Mesoderm)	**Ernährungs-Naturell** (Endoderm)
Knochenbau:	zart	fest und stark	kräftig, wenig gespannt
Muskulatur:	fein	fest	schwach
Extremitäten:	feingliedrig	lang	kurz
Haut:	gelblich, blaß	gespannt, rot	weich, samtig, bläulich-weiß
Gesicht:	Birnenförmiges Kleingesicht über dem Augendurchmesser mehr Masse als darunter	Kastenförmiges Langgesicht, unter dem Augendurchmesser mehr Masse als darüber	Apfelförmiges Rundgesicht, unter dem Augendurchmesser mehr Masse als darüber
Kopfform:	Ei, auf die Spitze gestellt	Kastenform, länglich	breit, rund, Apfelform
Haare:	dünn, fein, seidig, gewellt	kräftig, struppig	mitteldick, schmiegsam, mittellang
Stirn:	Oberstirn breit, Unterstirn schwach	Oberstirn schwach Unterstirn stark	Oberstirn schmal Unterstirn breit
Seitenkopf:	schmal	schmal	breit, rund
Ohren:	zart, fein modelliert	knorpelig, hart, lang	groß, fleischig, Läppchen dick
Augen:	groß, glänzend, nach innen blickend	klein, fixierend, gespannt, fest, in die Weite blickend	mittelgroß, weich, ruhig, in die Nähe blickend
Nase:	schmal, fein, zarter Rücken	groß, lang, Nasenhöcker	kurz, füllig im unteren Teil
Mund:	klein, zart, Oberlippe dominiert	schmal fest Unterlippe dominiert	voll, Unterlippe dominiert
Hals:	dünn, mittellang, zart	lang, sehnig, stark, muskulös	kurz, dick, weich
Kinn:	klein, fein, zurückliegend	markant, vorspringend, kräftig	weich, gerundet, Doppelkinn
Unterkiefer:	zart	markant, breit, eckig, lang	groß, gerundet, fleischig
Hinterhaupt:	klein, fein gerundet	hoch, fest, dominant	rund, weich
Hauptorgane:	Nerven, Haut, Sinnesorgane	Muskeln, Knorpel, Knochen, Sehnen, Bänder, Blut, Herz	Drüsen, Magen, Darm, Leber, Lunge
seelisches Bedürfnis	Denkleben, Vibration	Tat, Bewegung, Willensausübung, Dynamik	Stofflichkeit, Ruhe, Ökonomie, realer Lebensgenuß
Habitus:	Klein bis Mittelgroß	groß und knochig	mittelgroß, korpulent
Schultern:	schmal, abfallend	breit, kräftig	fleischig, breit
Becken:	schmal, zart	schmal, kräftig	breit, fleischig

Biografie Carl C. Huter (1861 - 1912)

Carl C. Huter wurde am 9.10.1861 in Heinde nahe Hildesheim geboren. Er absolvierte in Hildesheim eine Ausbildung zum Kunstmaler, darauf folgten Studienjahre in Philosophie und Naturwissenschaften, mit Schwerpunkten Anthropologie in Berlin, Dresden und Leipzig. 1884 hielt er seinen ersten Vortrag über Psycho-Physiognomik und Einsichten in die Lebensenergie. Von 1888 bis 1898 befasste er sich mit neuen Heilwissenschaften, der psycho-physiologischen Naturheilkunde und bezog Stellung zur Schulmedizin. 1898 erschien das Hauptwerk Physiognomik - Menschenkenntnis durch Körper-, Lebens-, Seelen- und Gesichtsausdruckskunde, 5 Lehrbriefe, Neue Ethik. 1908 entstand die Schule für Psycho-Physiognomik und danach die 3 Huter-Institute.

Die Psycho-Physiognomik wird von der Patho-Physiognomik in beeindruckender Weise ergänzt, der Lehre der Organsprache. Jedes Organ hat eine klar definierte Ausdruckszone im Gesicht. Bei den Füßen sind es die Reflexzonen.

Huters Lehre der „Kraftrichtungsordnung“ gibt uns die Information über die Qualität unserer Energie. Die physische und psychische/ philosophische Energie kann und muss gesteigert werden, allzu oft kann man beobachten, dass Energien sehr schnell absinken. Ob es nun mit der Umwelt zu tun hat oder mit den Gedanken, Erlebnissen oder Charaktereigenschaften. Es sollte darauf geachtet werden, Energien wieder zu steigern.

Huter prägte den Begriff „HELIODA“ für die rein geistige Energie. Er selbst sprach von der Lebens-Liebesstrahlung, der geistig-seelischen Energie, die verbunden ist mit dem Vertrauen auf die tiefe Kraft der geistigen Schöpferkraft im Zellgehirn. Es ist eine begeisterungsfähige Energie, die durch Freude, Herzensliebe, Dankbarkeit erhöht wird. Man spricht in der modernen Physik auch von Biophotonenstrahlung.

Beim Betrachten der Grundveranlagung von Menschen zeigen uns Gesicht und Körperbau mit den Formen das Naturell des Menschen, den wir vor uns haben.

Jedes kleinste Gesicht- und Schädelareal, jede Hautstruktur und Färbung gibt uns detaillierte Informationen. Die Ohren geben Auskunft über die Erbanlagen, seelischen Bedürfnisse zur Entfaltung auf körperlicher, geistiger und seelischer Ebene.
Die Nase lässt uns die Willenskraft zur Selbstverwirklichung erkennen, ob planmäßig, gründlich, gemütvoll, fleißig, psychologisch gehandelt wird.

Mund und Kinn geben über die Wünsche, Gefühle und Bedürfnisse sowie die damit verbundene Durchführungskraft Ausdruck.

Augen sind Spiegel der Seele und Gedanken. Die Form und Strahlung der Stirn gibt uns Auskunft über die 7 Denk-Regionen, wo der Mensch für sein Denken und für seine beruflichen Fähigkeiten Anlagen besitzt.

Wir sind immer ein Ganzes, auch mit den unterschiedlichsten Anlagen.
Da alles, was ist, durch Liebe entstanden ist, und eine Vervollkommnung des Lebens nur durch Liebe möglich ist, so gibt es auch keine Geistes- und Erkenntniskraft, kein Studium und keine Wahrheitserkenntnis ohne Liebe.

Gesicht und Füße

Gedanken- und Gefühlsverbindungen von Kopf bis Fuß

Menschenkenntnis von Kopf bis Fuss

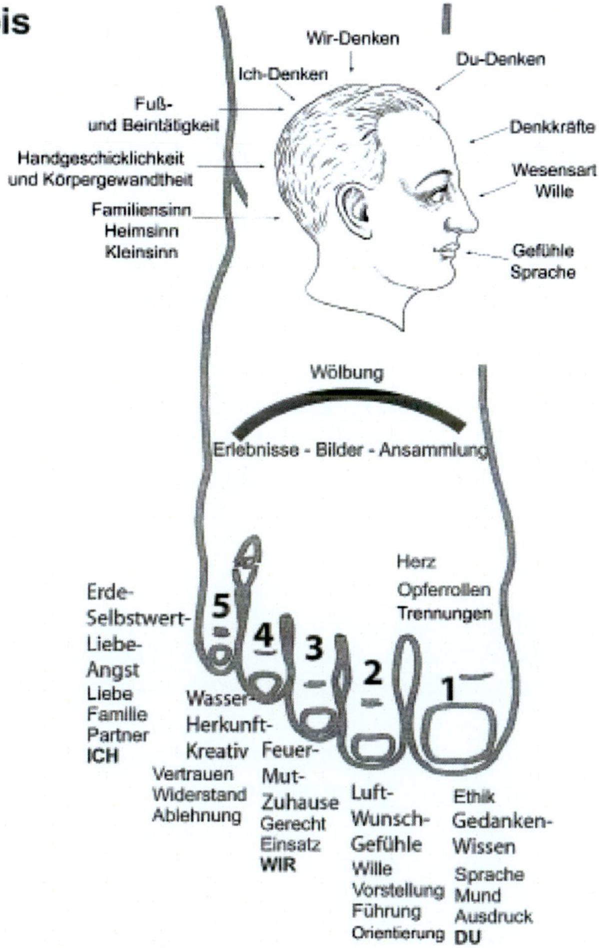

Das fühlende Sehen bleibt uns mehr erhalten, das Auge wird mehr begrenzt.

Ziel dieses Buches ist es, dem Leser eine Anleitung in die Hand zu geben, eine Art ‚Fußatlas' zur Zuordnung der eigenen Fußbeschwerden. Idealerweise können wir dann erkennen, was die Beschwerden uns an wertvoller Information über das eigene Verhalten, Denken und Fühlen geben. Die Informationen sind in Bezug auf das eigene Denken und Fühlen gesetzt. Mit einiger Übung wird es immer mehr gelingen, die Ausführungen dieses Buches nachzuempfinden und am eigenen Körper zu verstehen. Mehr noch als die bereits etablierte Physiognomie ist die Fußanalyse auf intuitive Wahrnehmung angewiesen, weil die Merkmale subtiler und nicht so deutlich zu erkennen sind wie im Gesicht.

Die Fußanalyse zeigt uns, wie ein Mensch durch das Leben geht. Bei der Fußanalyse werden physische, emotionale und spirituelle Dimensionen zu einem Ganzen verbunden.

Die Füße sind am weitesten von der bewussten Wahrnehmung entfernt, da die Mehrheit der äußeren Sinnesorgane sich am Kopf befindet. Auch sind sie meistens bedeckt. Viele Menschen messen ihren Füßen nicht viel Gewicht bei und vernachlässigen sie daher in ihren Gedanken und bei der Pflege und Bewegung. Der Mensch ruht auf den Sohlen der Füße.

Warum kommen Menschen zu einer Fußanalyse?

- aus Neugierde
- wegen der Selbsterkenntnis / um weiterzukommen
- aus dem Gedanken und dem Wunsch heraus, bestätigt zu werden
- aus einer bestimmten Lebenssituation heraus – Unruhe, Krisen, festgefahrene Situationen
- aus dem Gefühl des Unglücklichseins bzw. Unwohlseins
- wegen Schmerzen (Schmerz entsteht, weil wir etwas tun sollen, etwas verändern müssen – eigenes Dazutun ist gefragt)
- weil eine innere Entscheidung ansteht, und da fühlen sich viele wie in einem Teufelskreis gefangen.

In jedem Fall wird Hilfe gesucht. Wenn der Leidensdruck eine innere Entscheidung erforderlich macht, ist es für die meisten von uns nicht leicht, sich für sich selbst einzusetzen. Möglichkeiten zu erkennen und umzusetzen, ist ohne Anregung von außen oft nicht oder nur ungenügend machbar. Bei einer Analyse kann herausgefunden werden, was die betreffende Person braucht und was ihr hilft.

Auch das Früherkennen von Verletzungen in der Seele, von Mustern und Verdrängungen ist wichtig, um von Blockaden frei zu sein. Eine Analyse kann auch bei noch nicht vorhandenen Beschwerden sehr nützlich für die Erkennung sein und einen wichtigen Beitrag zur Vorbeugung leisten.

Krisen erlauben dem Menschen, neu geboren zu werden. Eine Krise zeigt uns, wo wir stehen, wie die Vergangenheit war und was hinter uns liegt. Der gleiche Fehler soll nicht noch einmal gemacht werden.

Gedanken - Emotionen

Kummer, Ängste, seelische Verletzungen, Verlust durch Tod, Trennungen, Scheidungen; diese Zusammenhänge sind für eine Analyse von großer Bedeutung, damit ich den mir gegenüber sitzenden Menschen ganzheitlich mit seinem Körper und seinen Gedanken und Gefühlen erfassen kann. Eine physiognomische Analyse kann wie von Gesicht und Körper auch speziell von den Füßen gemacht werden. Durch das Berühren der Füße, das Annehmen mit dem Herzen und die genaue Beobachtung der Beschaffenheit der Haut, der Fußsohle und der Zehen, ist es möglich, zu erkennen, was den Klienten in seinem tiefsten Inneren bewegt. Die Hautbeschaffenheit zeigt uns den generellen Umgang mit Emotionen, Gefühlen und mit Energien.

Verhaltensmuster

Erlebnisse führen zu Prägungen und zu unterschiedlicher Empfindungstiefe bei Menschen. Daraus entstehende Verhaltensmuster beeinflussen unser Leben von Kind an. Bereits während der Empfängnis und der Schwangerschaft kann eine so starke Prägung entstehen, dass dieser Mensch immer von etwas geplagt wird und nicht weiß, warum.

Bei allem, was uns von den Werten und Anlagen zu erfahren möglich ist, bedarf es einer großen Liebe und Übung, um die Zusammenhänge *wahr* zu nehmen – was in uns ist. Dass sich das, was wir im Kopf, in den Gedanken haben, wiederum auch an den Füßen zeigt, ist für viele Menschen verwunderlich. Alles, was sich an Deformation und Schönheit zeigt, hat seinen Sinn und Hintergrund. Sich selbst zu erkennen, wahrzunehmen und anzunehmen, ist wohl der längste Weg im Leben; den anderen zu erkennen, fällt oftmals leichter, als sich selbst anzunehmen. Es ist angenehm, Füße und Zehen genau zu betrachten und zu analysieren – sollten die Füße nicht gefallen, werden ja sowieso wieder Schuhe angezogen.

Füße und Zehen werden die meiste Zeit über nicht zur Schau getragen, wie etwa die Frisur bzw. das Gesicht. Da letztere mehr angeschaut werden, werden sie auch mit größerem Aufwand gepflegt. Vom Körper könnten wir – auch im Gesicht und sogar am Rücken – vieles sehen und analysieren, doch dazu benötigen wir bei uns selbst einen Spiegel. Nun LÄUFT aber kein Mensch mit einem Spiegel vor seinem Gesicht herum. Die Füße sehen wir auch ohne Spiegel. Deshalb begegnen wir anderen wie einer Art Spiegelbild von uns selbst. Oftmals ärgern sich Menschen darüber, mit dem Gegenüber sich selbst wieder erkennen zu müssen. Beispielsweise aus dem Resonanzgesetz heraus, etwa weil ich meine Nase ablehne, begegne ich dem Menschen, der auch in einer Ablehnung steht.

Wir haben das ständige Vergnügen mit unserem Gegenüber.

Meinen Partner oder Kollegen und Kolleginnen kann ich genauer betrachten als mich selbst. Hervorragend ist es, wenn wir das verstehen, was wir sehen und nicht in eine ständige (Ab)Wertung verfallen.

Beim Zehenlesen ist die Konzentration stärker, da ich von den Blicken nicht abgelenkt werde. Bei Gesichtsanalysen ist meist eine gewisse Anspannung da, um sich mit einer guten Mimik darzustellen. Ich finde, beides lesen zu können ist ein Reichtum, mit dem man viel von der Summe der Gedanken und ihrer Wirkung auf das Individuum erfassen kann. Einzelne Gedanken bleiben frei, und das tief liegende Private bleibt dabei natürlich für jeden Menschen ein persönliches Geheimnis.

Die Anatomie der Füße

Ich las unter der Rubrik „Humor“ folgendes:
Ein Tausendfüßler sagte zum Arzt: „Wenn meine Füße schmerzen, tut mir alles so weh“ ... so können wir uns reden hören, und es ist uns dabei sicher nicht zum Scherzen zumute. Aber mal ehrlich – beachten und pflegen wir unsere Füße so, wie sie es verdienen würden? Beachtet wird doch am meisten der Kopf. Der wird gepflegt, frisiert, das Gesicht eingecremt, mit dem Gedanken: die Füße sieht ja keiner.

Viele Menschen sprechen von den Füßen in dritter Person, als ob sie nicht zu ihnen gehören würden. Worte von Klienten: Die Füße da unten tun mir weh. Die habe ich halt geerbt, und die gehören nicht zu mir. Wenn ich die Füße/Zehen nicht hätte. Was soll ich da unten spüren, was hat der Kopf mit den Füßen zu tun? Was haben die Gedanken mit den Füßen zu tun? Hauptsache, sie laufen und tragen mich jeden Tag.

Ablehnende Gedanken und daraufhin gesagte Worte wirken sich auf den Gehvorgang, die Füße und den ganzen Körper aus. So

entsteht aus dem Feinstofflichen ein Leiden. Das Wohlfühlen ist und kann ja hier nicht mehr ganzheitlich vorhanden sein.
In diesem Buch möchte ich einen neuen Erklärungsansatz zu den mannigfaltigen Gründen anregen, warum die Füße schmerzen können und warum sie eine bessere Behandlung verdienen.

Unsere Füße – kleine Wunderwerke

Täglich tragen sie uns von einem Ziel zum anderen. Wir stehen darauf, bedienen Pedale mit ihnen, tanzen. Aber kaum jemand verschwendet einen Gedanken daran, dass unsere Füße kleine Wunderwerke sind. Andererseits erleben wir auch, wenn manche Menschen ihre Hände nicht mehr einsetzen können, dass sie die Füße einsetzen, um ihre Selbstständigkeit zu behalten.

Diese – so das Verbrauchermagazin ‚Guter Rat' – „faszinierende Gewölbekonstruktion" besteht aus 26 verschiedenen Knochen u. 2 Sesambeinchen, 107 Bändern sowie jeder Menge Nerven, Sehnen und Knorpel. Nur die Hand ist noch vielseitiger gestaltet. Am Fuß zählen wir 19 Gelenke, 14 Gelenke allein an den Zehen. Jede Zehe hat 3 Glieder, die große Zehe hat zwei. Jede Zehe hat allein 4 Muskeln zur Beweglichkeit jeder einzelnen Zehe, davon je einen Abzieher, je einen Anzieher, je einen Beuger und je einen Strecker. Ausführliche Informationen über die Anatomie und das Skelett finden Sie im Buch von Hellmut Ruck, Das Buch der Fußpflege, in der zehnten, neu bearbeiteten und erweiterten Auflage.

Das knöcherne Skelett des Fußes besteht aus 26 Knochen, 7 davon gehören zur Fußwurzel, 5 zum Mittelfuß, 14 zu den Zehen und 2 sind die Sesambeinchen. Wichtige Gelenke sind das obere und untere Sprunggelenk, das Fersenbein und Würfelbeingelenk, die Fußwurzel-Mittelfußgelenke und Zehengelenke. Die Beweglichkeit der Zehen ist eine angelegte Funktion, die täglich gelebt werden will.

Ein Spezifikum des menschlichen Fußes sind die Gewölbe, die den Druck beim Laufen, Rennen und Springen auffangen. Man unterscheidet zwei Gewölbe, das Längsgewölbe, das vom Fußballen zur Ferse verläuft und das Quergewölbe. Diese Bögen werden durch Bänder und Sehnenzüge unterstützt, die zu den Fußknochen und zur Beinmuskulatur verlaufen.

Alle zusammen sorgen dafür, dass wir im Laufe eines Lebens durchschnittlich 150 Millionen Schritte machen können. Wer seinen Füssen wohlgesonnen ist, trägt nicht zu oft hohe Absätze und kein zu enges Schuhwerk. Er läuft oft barfuß und leistet sich immer mal eine professionelle Fußpflege.

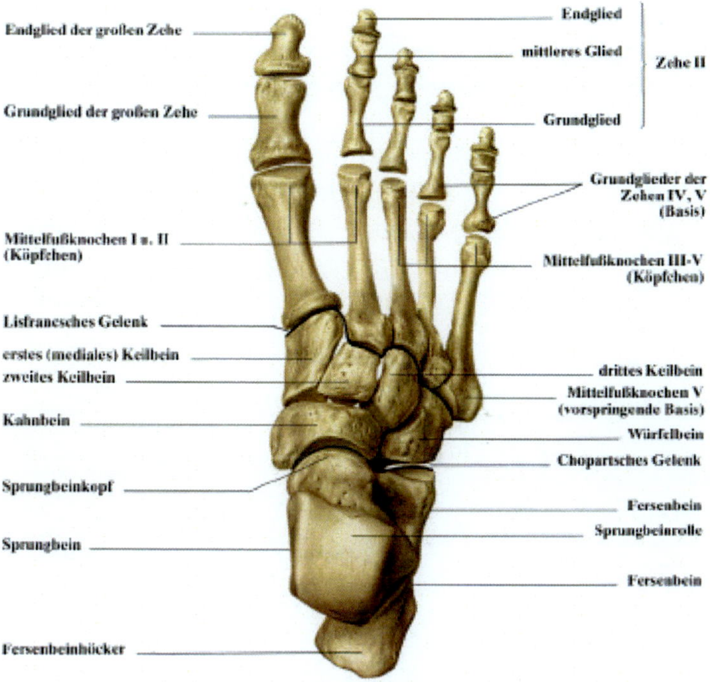

Quelle: Hellmut Ruck, Das Buch der Fußpflege.

Was die Füße lieben, sind gute Gedanken für den ganzen Körper, gute Schuhe, die zum Fuß passen, und eine gute Pflege mit Fußbad und evtl. einer Fußmassage.

Das Sesambeinchen

Man nimmt an, dass die Unebenheiten des Bodens auch von den Sesambeinchen in der Kapsel des Großzehgrundgelenkes ausgeglichen werden, da gerade diese Stelle beim Gehen und Stehen stark beansprucht wird. Alle Sesambeine sind in Sehnenstränge eingelagerte kleine Knochen, die wir in verschiedenen Gelenken des Körpers finden. Ihren Namen gab man ihnen Vermutungen zufolge nach einer orientalischen Getreideart, dem Sesam. Zwei davon befinden sich lateral innerhalb einer Sehne an der Innenseite des Großzehengrundgelenks, und zwischen der dritten und vierten Zehe. Von diesen, meist etwas größeren Sesambeinen am Großzehenballen glaubte man früher, es könne nicht verwesen, es sei ein unbrennbarer, unzerstörbarer Knochen, der sich als Keim in der Erde erhalte und aus dem der ganze Mensch am Tag des jüngsten Gerichtes wie aus dem Sesamkorn wieder auferstehe. Diese Fabel, die um das Jahr 200 nach Christus entstand, beschäftigte schon die Anatomen des Mittelalters. Sie suchten dieses Knöchelchen jedoch nicht am Fuß, sondern in der Wirbelsäule. Dort fanden sie es natürlich nicht, und so wählten sie in ihrer Verlegenheit schließlich stattdessen das Steißbein.

Die Beobachtungen führten weiter zu der Erkenntnis, dass die Sesambeinchen in Zusammenhang mit dem Herzen stehen, weil alles, was sich in der Struktur der Belastungen niederschlägt, wiederum auf das Sesambeinchen starken Druck ausübt. Mein Satz dazu ist: „Sesam öffne dich zum Herzen“, weil die Belastungen, die dort entstehen und der ganze Stau, der sich dann am Ballen und am Trapezmuskel ablagert, mit der Verhärtung des Herzens zu tun haben.

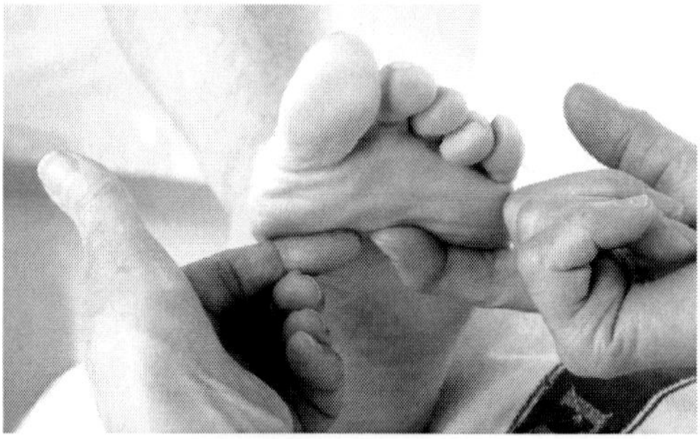

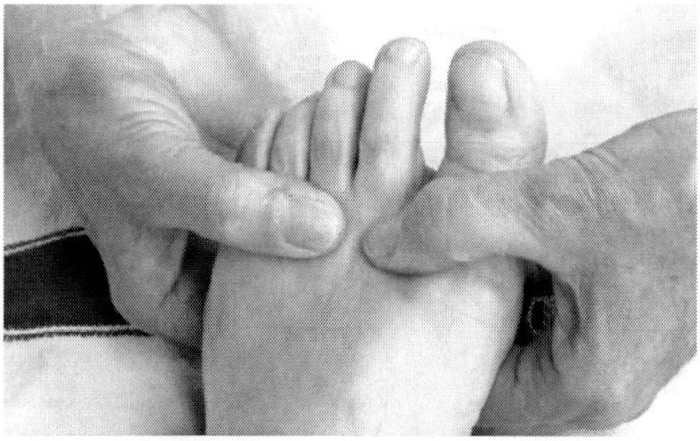

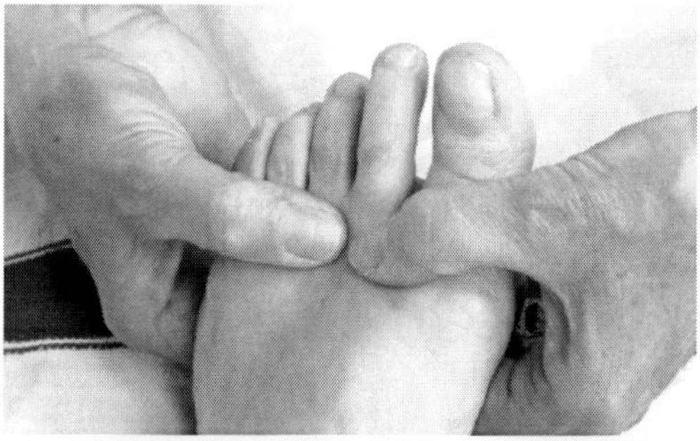

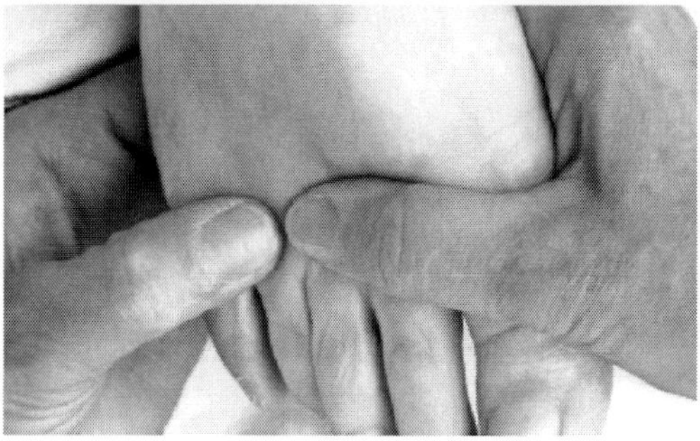

Wichtig ist es, diese Blockaden, diesen Stau zu lösen. Das geht mit dem Massagegriff, den ich gleich als nächstes beschreiben möchte.

Blockaden, gestaute Energie, Unbeweglichkeit werden mit dem Sesambeinchen-Massagegriff gelöst:

Der Sesambeinchen-Massagegriff

Griffposition 1: Zwei Zeigefinger angesetzt am Ballen

Eine große Hilfe und Erleichterung beim Hallux valgus, bei Blockaden und Müdigkeit ist der Sesambeinchen-Massagegriff. Dieses Wissen verdanke ich der medizinischen Ausbildung zur Fußpflegerin bei Hellmut Ruck.

Bei der Sesambeinmassage sitzt die behandelnde Person dem Patienten gegenüber und greift mit beiden Händen nacheinander jeweils einen Fuß des Patienten. Beide Daumen befinden sich auf dem Fußrücken beim Großzehgelenk, die anderen Finger am Fußballen. Nun werden beide Zehengelenke mehrere Male in Richtung nach oben und unten gegeneinander verschoben. Daumen und Zeigefinger leisten dabei die Hauptarbeit. Hellmut Ruck pflegte dies seinen Schülern mit der Vorstellung vom Klavierspielen und Radfahren zugleich zu erklären. Dies bewirkt eine Lockerung der Muskeln und Sehnen zwischen dem ersten und zweiten Zeh. Sollte das Sesambeinchen nicht in seiner natürlichen Position sein, wird es durch diese Hin- und Herbewegungen aus der erstarrten Fehlstellung gelöst und kann sozusagen wieder in seiner ordentlichen Position ‚einrasten'. Dies ist von Behandler und Patient durch ein leichtes Knacken an dieser Stelle zu spüren. Es erfordert Erfahrung und viel Feingefühl, mit dem Sesambeinchengriff eine bleibende Wirkung zu erreichen, jedoch auch Laien können bei vorsichtiger Anwendung damit bereits eine Verbesserung des Allgemeingefühls bewirken, bei anderen und auch bei sich selbst. Diese Art der Fußmassage wird von den Patienten durchweg als wohltuend und befreiend für den ganzen Körper empfunden.

Dann sind selbstverständlich die richtigen, liebevollen Gedanken und Gefühle wieder einzubringen, im Bewusstwerden ist die Anbindung zu schaffen, sich mit dem Fuß und dem ganzen Ballen in Verbindung zu setzen, damit dieser Stau gelöst wird. Das gilt natürlich auch für die Einstellung der behandelnden Person, da solche Behandlungen immer mit der größtmöglichen Menschenliebe geschehen sollten.

Füße, Sesambeinchen und die Schönheit im Gesicht

Eingeengte Füße, auch in schlechtem Schuhwerk, führen zu einem Gefühl, sich nicht richtig entfalten zu können, von allem getrennt zu sein. Das ist besonders im Mittelgesicht zu sehen. Durch die Einengung kann sich keine Freude entwickeln. Ein Extrembeispiel ist hier die alte chinesische Tradition, Frauen die Füße einzubinden.

Ein angenehmer Nebeneffekt der oben beschriebenen Einstellung des Sesambeinchens ist, dass zumeist auch das Mittelgesicht sichtbar wieder mit Energie durchflutet wird, was einen Schönheitseffekt bewirkt. Das gute Aussehen hat auch mit der Freude zu tun, die den Klienten durchströmt, wie mir immer wieder bestätigt wird.

Kahnbein, Würfelbein und Keilbein

Diese Fußknochen stehen in Verbindung mit unserem Denken. So wie wir denken, so können sich auch diese ‚Beine' bewegen, und es kommt immer wieder auf die Konzentration an, in welcher Leichtigkeit wir uns mit Gedanken und Gefühlen befinden. Somit bewegt sich auch der Fuß. Aus diesen Denkkräften und Gefühlskräften heraus haben wir entweder einen leichten oder schweren Gang, je nachdem, welche seelischen Belastungen da sind oder vorausgegangen sind.

Das Lisfranc-Gelenk

Das Lisfranc-Gelenk hat seinen Namen von Lisfranc, einem französischen Chirurgen (1790-1847). Dieses Gelenk, das gleichfalls wenig beweglich ist, und auch in der Hauptsache der Federung dient, stellt die Verbindung der Fußwurzel zum Mittelfuß her. An der Lisfranc-Linie treffen von Seiten der Fußwurzel die drei Keilbeine sowie das Würfelbein von den Seiten des Mittelfußes, die fünf Mittelfußknochen aufeinander.

Die Stoßdämpfung

Was wir beim Gehen und für die Leichtigkeit des Ganges brauchen, ist immer eine Bewegung der drei Keilbeine und des Würfelbeins. Hier kann man die vergleichende Vorstellung heranziehen, wir säßen in einem Boot und würden geschoben. Mit den Denkkräften aus der Mittelstirn heraus können wir diese drei Keilbeine und das Würfelbein wunderbar wahrnehmen. Meine Erkenntnis ist, dass gerade beim Gehvorgang diese drei Keilbeine auch für die Leichtigkeit besonders wichtig sind, wie beim Vergleich mit dem Boot; das Kahnbein schiebt die drei Keilbeine vorwärts. In Relationen gesprochen ist es also: Von der Mittelstirn aus, wo die Denkkräfte des Urteilsvermögens, der Aufnahme und der Philosophie sind, bewegt sich dieser Fuß dementsprechend in der Leichtigkeit.

Wenn auch die kleineren Knochen der Fußwurzel sowie die Mittelfußknochen untereinander keine große Beweglichkeit haben und man ihre Verbindungen kaum als Gelenke ansprechen kann, so holen sie sich doch die Elastizität beim Auftreten und sind zusammen an der Drehbewegung beim Gehvorgang beteiligt. Ferse hinten außen, dann die Außenseite des Fußes zum Mittelfuß. Von hier Drehung zur Innenseite, bis man sich mit dem Großzehenballen abstößt (Supination und Pronation). Durch diese Drehbewegung bzw. Torsionsbewegung des Fußes um seine Längsachse kann der Fuß, wie schon betont wurde, beim Auftreten in hohem Maße stoßdämpfend wirken.

Reflexzonen am Fuß

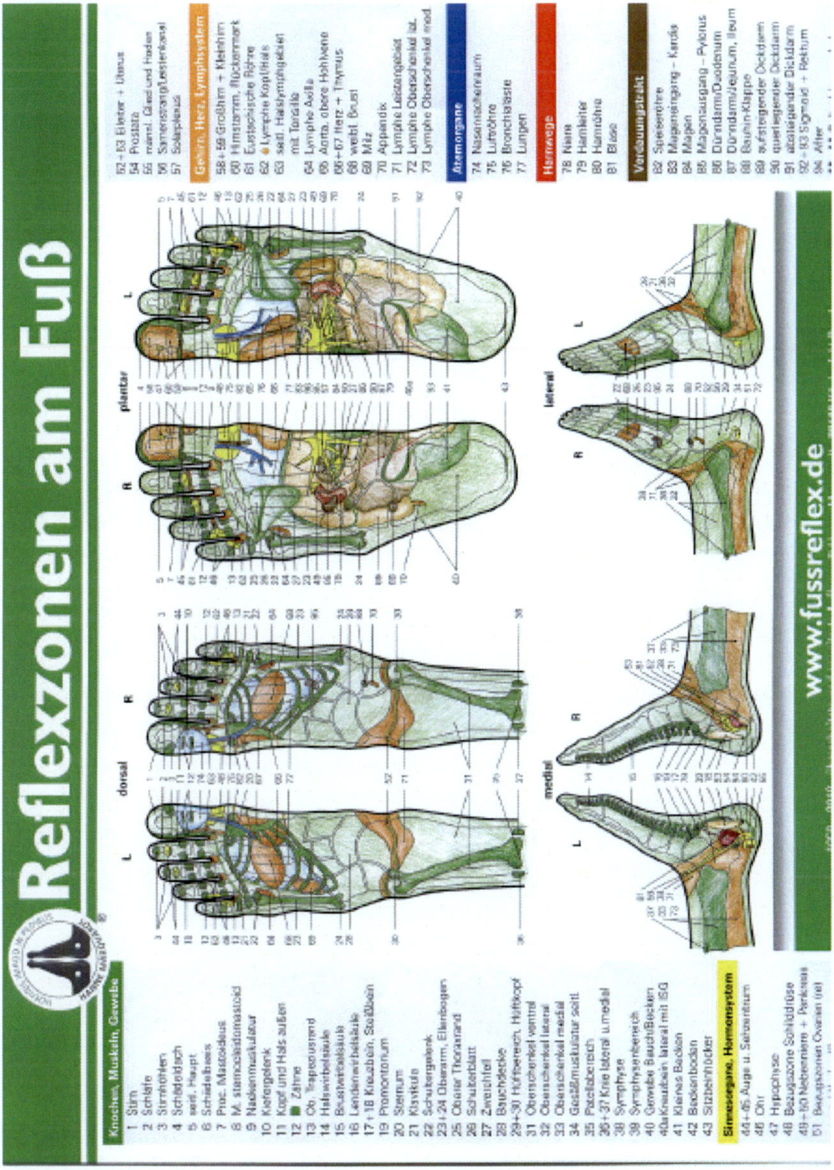

Quelle: Hanne Marquard: Reflexzonen der Füße, überarbeitete und erweiterte Auflage, Königsfeld-Burgberg, 2005

Die Füße und das Gehen

Die Füße sind das Fundament unseres Körpers. Durch unsere Füße haben wir den Kontakt zum Erdboden. Wer mit beiden Füßen fest auf dem Boden steht, hat über die Fußsohlen das Gefühl von Festigkeit. Wir legen im Laufe des Lebens eine Fußstrecke zurück, die genügen würde, um mehrfach die Erde zu umrunden. Die Füße werden dabei oft vernachlässigt. Über Jahre laufen wir eventuell in falschen Schuhen und haben ständig Schmerzen.

Gedanken sind ein Auslöser für Beweglichkeit. Die Füße stehen für den Einsatz zur Fortbewegung und haben damit etwas mit dem Willen des Ich's zu tun. Mit dem Willen wird bewusst oder unbewusst gegangen. Das Wollen fließt wiederum über die Gefühle und bestimmt den Rhythmus des Gehens. Viele Merkmale des wollenden Menschen prägen sich an den Füßen aus. Diese Spuren vom Willen und Wollen an den Füßen, die Sinnbildern gleichen, zu erkennen und zu deuten, ist die Aufgabe dieses Buches.

Für die Physiognomie oder Physiognomik der Füße spielt die Fußsohle eine besondere Rolle. Das Gehen ist ein sehr wichtiger Vorgang für die Gesundheit, und Barfußgehen fördert den ganzen Körper und die Organe. Ebenso stärkt es auch das Selbstwertgefühl. In den Füßen ist der Gang, das Schreiten im Zusammenhang mit der Körperhaltung, von großer Bedeutung. Das Gehen im Dreiklang, mit Körper – Geist – Seele das Schreiten bewusst erkennen und bewusst gehen ist Heilung für den Körper. Es wird im Kapitel über den Gehvorgang noch genauer beschrieben. Die Bedeutung wird im Folgenden durch die Einzelheiten der Physiognomie der Füße ins Bewusstsein gerufen.

„Füß“iognomie - die Physiognomie der Füße

Ferse – Zehen – Ballen – Sprunggelenk

- Die Ferse ist das Körperliche und verbindet sich mit der Materie und dem Nervensystem.
- Zehen, abrollen über den großen Zeh, verbindet sich mit dem Kopf – Gehirn – Geistiges, Denkkräfte
- Ballen – steht für Feingefühl und Empfindung seelischer Vorgänge
- Im Sprunggelenk das Kreisen links und rechts im Gleichklang

Die Fußsohle als Spiegel der Wirbelsäule

Bei der Analyse der Fußsohle muss die Wirbelsäule beachtet werden.

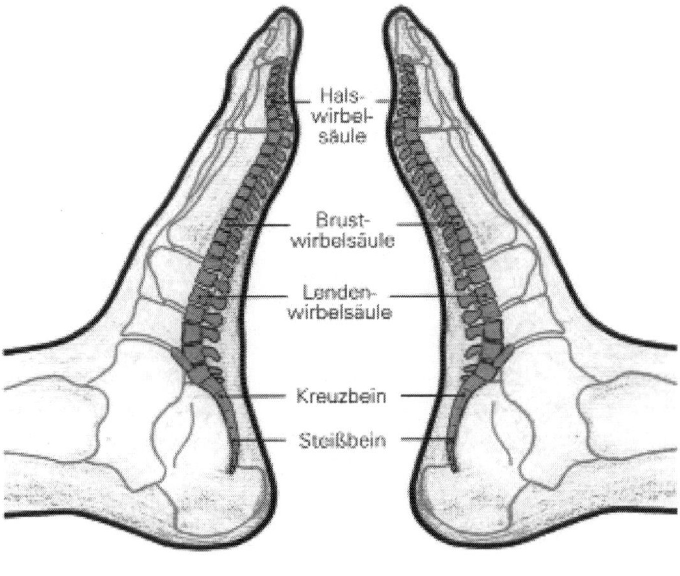

Quelle: Hanne Marquard: Sprache – Füße – Mensch, 1. Auflage, Königsfeld-Burgberg 1985

Ein Mangel, der sich am Fußgewölbe zeigt, hat immer verschiedene Zusammenhänge und Ursachen. Auch Bewegungsabläufe zeigen sich deutlich. Es ist durch Fühlen und Abtasten möglich, die gedanklichen Ursachen zu erkennen, die zu Ablagerungen und Stauungen führen.

Negative Gedanken sowie auch die Herkunft aus den Genen, der Verlauf der Schwangerschaft und das Verhalten der Eltern können die Wirbelsäule belasten. Die negativen Ursachen haben ihre speziellen Merkmale, unter anderem auch den Hexenschuss und den Bandscheibenvorfall.

Ich möchte in diesem Bericht die Beziehung, also die Energie der Eltern kurz beschreiben. Am Zeugungspunkt (Empfängnis) ist die Art der kreativen Vater-Energie zu erkennen.

Die Vater-Energie ist die Beziehung zum Vater, am Ende des großen Zehennagels an beiden Füßen auf der Innenseite zu sehen.

Es bildet sich hier die Form der männlichen Energie. Die sexuelle Energie der Eltern ist nicht nur alleine zu verstehen, sondern ob sie gegensätzlich sind oder wie die Harmonie war oder ist. Hauptsächlich geht es um die Energie von einem selbst, und die Ausgeglichenheit zum Vater.

Passive Mutter-Energie (ab 5. Monat)

Die Mutter-Energie zeigt die durch die Schwangerschaft bedingte Umstellung an und wie diese von beiden Elternteilen bewältigt wurde. Die Mutter stellt sich ab dem 5. Monat vollkommen auf das Kind ein. Viele Väter fühlen sich dadurch benachteiligt. Die Unabhängigkeit – die Energie, mit dem eigenen Kampf das Gleichgewicht für sich herzustellen und für sich selbst zu sorgen. Das sind Erfahrungen, wie mit Trennungen im Leben umgegangen wurde und ob eine Abhängigkeit als Muster geblieben ist. Empfängnis: Entstehung des Lebens. Auch die Annahme des Kindes und des Kindsvaters durch die Mutter ist hier zu sehen.

Das männliche Element erreicht seinen Höhepunkt dort, wo Spermien mit dem Ei zusammenkommen.

Ein Überschuss an männlicher Energie oder ein Mangel derselben zeigt sich am großen Zeh an der Innenseite beim Nagelbeginn. Zeigen sich Flecken oder Muttermale, sind genetische Probleme vorhanden und evtl. auch Krankheiten. Andere Erscheinungen an dem Zeh wie zum Beispiel Schwimmhäute, Missbildungen, sind genetische Übertragungen, die von der männlichen Energie gezeugt wurden. Die Eltern können Auskunft darüber geben, was alles passiert ist. Es ist gut, zu wissen, wie die Schwangerschaft verlief, sie ist ein wichtiges Geschehen. Wurden Verletzungen und Disharmonie in dieser Zeit ausgetragen, hinterlassen diese beim Kind am Fuß ihre Spuren.

Die Schwangerschaft und ihr Verlauf

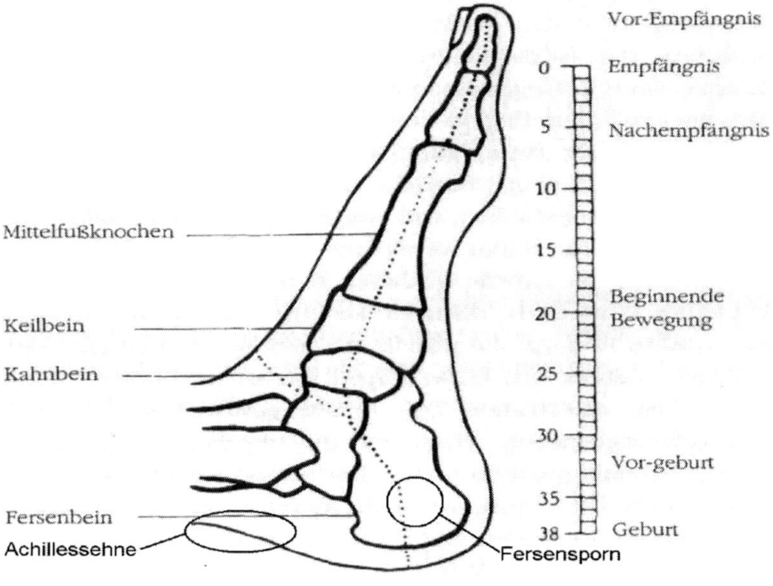

Schaubild des Praenatal-Musters von Robert St. John

Die Fußsohle als Landkarte des Lebens

Die neun Monate zeigen sich an der Wirbelsäule. Die Aufteilung der neun Schwangerschaftsmonate ist am Fuß nicht gleichförmig, da die Erlebnisse unterschiedlich sind. Ein paar Punkte zähle ich hier kurz auf:

1. Monat: Der Fötus entwickelt sich, das Kreislaufsystem beginnt zu funktionieren. Die beiden Gehirnhälften bilden sich, sowie Skelett und Wirbelsäule.

2. Monat: Gesicht, Glieder, Hirngewebe, Muskulaturbewegung, Zehen, Ohren. Interaktion zwischen Muskeln und Nerven. Männliche und weibliche Energie zeigen sich, und ob ein Ausgleich und die Anerkennung der Energien da sind. Es zeigt sich am großen Zeh, ob die Frau die männliche Energie akzeptierte, wenn nicht, hat dieses Kind später Verletzungsgefühle der Persönlichkeit, sein Ego leidet. Sobald dies erkannt wurde, ist so gut und schonend als möglich aufklärend zu arbeiten, damit über eine nachträgliche Anerkennung das Thema gelöst und geheilt werden kann.

3. Monat: Die Fötus-Bewegung tritt ein. Hände, Kopf, Körper, Berührungsempfindung. Der Saugreflex entsteht. Die Gesichtsmuskeln formen sich, Psyche und Gedanken. Folgendes wirkt sich in dieser Zeit am stärksten aus: Wenn die Mutter, der Vater oder sonst jemand von Abtreibung spricht oder eine solche ausführen möchte, haben diese Menschen später Unsicherheiten in ihrem Verhalten. Die Frage: „Bin ich gewollt?“ Das Trauma bleibt im Ego. Auch hier geht es um eine liebevolle, schonende Aufarbeitung, die beim Kind ausgleichend wirkt und in der Seele wahre Wunder bewirken kann. Ein offenes, von Herzen geführtes Gespräch hilft auch noch dem erwachsenen Kind. Negative Gefühle, die vom Kind auch beim Verschweigen dieses Themas aufgenommen, sozusagen ‚gerochen' und unbewusst gespürt werden, können nun ans Licht kommen und damit verstanden und bewältigt werden.

4. Monat: Nervensystem und Skelettknorpel sowie die Geschlechtsunterschiede bilden sich. Die männliche Energie geht zurück. Das Weibliche, Mütterliche wird stärker. Zukunft: Das Gleichgewicht im Jetzt und Morgen.

5. Monat: Finger, Zehennägel, Brustwarzen, Haare entwachsen dem Fötus und es bildet sich nun auch das Gehör. Umgang mit Angst, Annehmen, Vertrauen, Widerstände klären. Das Thema heißt „Ansehen“.

6. Monat: Der Fötus ist fast vollkommen gebildet. Eine Frühgeburt könnte auf natürlichem Wege überleben.
Die Augen schauen willentlich und der Greifreflex wird aktiv. Die Mutter hat nun mit den Grenzerfahrungen zu tun. Sie sollte nun ihre körperliche Arbeit zurückstellen. Blase, Dünndarm und Rücken sind gefordert.

7., 8., 9. Monat: Der Fötus nimmt an allem zu. Kraft, Einfluss, Freude, alles was das Leben braucht, nimmt sich das Kind von der weiblichen Energie. Das symbiotische Band von Mutter und Kind ist ausgebildet.

Die Falten an der Fußsohle zeigen sich bei vielen Menschen als feine Linien oder in tiefer Prägung: Sie zeigen auch Muster. Es gibt Zeitlinien, welche die Information geben, wann was erlebt wurde. Andere Linien zeigen persönliche Geschichten, Partnerlinien, Trennungslinien und vieles Andere.

Auch Beschwerden an den Füßen geben uns wichtige Hinweise wie zum Beispiel:

Eine brennende Fußsohle bedeutet fehlende Glücksgefühle. Bei den Betroffenen gilt es, ihre Anerkennungsthemen anzuschauen. Wir brauchen viele glückliche Erlebnisse, um die Energie zu erhöhen.

Durchblutungsstörungen (kalte oder rote Füße): Betroffene sollten ihren Hormonhaushalt prüfen und versuchen, die Wertigkeit für ihren Körper zu erkennen.

Ursache können auch Blockaden in bestimmten Lendenwirbeln sein. Es gilt, diese zu lokalisieren und entsprechend zu behandeln. Was wird verdrängt? Sich seiner Ängste bewusst werden tut gut, da Ängste uns immer blockieren. Sie stellen uns die Luft ab oder verschlagen uns die Sprache. Angst ist die Ursache vieler Krankheiten - und meist ist sie vollkommen unnötig, da überhaupt keine Bedrohung vorliegt. Stellen Sie sich der Situation, damit Sie wieder unbeschwert „weitergehen“ können.

Es gibt viele Menschen, die sich immer wieder Verletzungen an den Füßen zuziehen oder Fußbeschwerden haben: seien es Verspannungen, das Krummwerden von Zehen, oder es wachsen ihnen Überbeine. Es entstehen ihnen Deformationen an der Fußsohle, sie schlagen sich dauernd die Zehen an, ihre Nägel reißen ein, es gibt Nagelveränderungen, wie zum Beispiel hartverhornte Nägel. In jedem einzelnen Fall zeigt das äußere Vorkommen die innere Entsprechung.

In solchen Fällen heißt das Thema: „Was ist verletzt worden? Warum überhaupt fühle ich mich verletzt?“

Wo leidet die Seele? Haben andere Menschen darauf „Einfluss“? Benachteiligungsgefühle und Schuldgefühle? Das Organ Nebenniere merkt sich sehr gut, was sich im zwischenmenschlichen Bereich abgespielt hat und reagiert entsprechend. Dasselbe fühlt auch das Herz und reagiert ebenfalls. Eines sollte jedoch immer bedacht werden: Andere Menschen können im Normalfall nicht die ganze Ursache sein. Lässt man sich ohne zwingende äußere Bedingungen manipulieren und aus der Ruhe und Selbstliebe herausbringen, dann können diese körperlichen Informationen auch die Folge davon als sogenannte „Organsprache“ zutage bringen. Hier kann auch noch etwas angeschaut werden, das ich „Doppelleben“ nenne; damit ist gemeint, mit den Gedanken ganz woanders sein, als mit dem Körper. Auch die Unentschlossenheit bildet

Formen. Das Unbewusste will ins Bewusste kommen, um für sich besser zu entscheiden. Eine falsche Entscheidung ist dabei noch immer 100 Mal besser als dauernd in dieser Grauzone zwischen: «Soll ich oder soll ich nicht?» zwischen JA und NEIN hin und her zu pendeln. Altes oder gar Vergangenes festhalten und Neues, Präsentes noch nicht zulassen. Sich zwischen zwei Stühlen fühlen. Dort ein bisschen leben, und da ein bisschen - das sind die wahren Ursachen, und schon sind unsere Füße nicht mehr auf dem richtigen Weg.

Alles was mit Schuld, sich schuldig fühlen, Schuldverteilung und Selbstschuldzuweisung zu tun hat, geht auf das Becken. Die Beweglichkeit und die Leichtigkeit verlieren sich dann immer mehr. Die Statik verändert sich und somit auch unsere Körperhaltung. Es ist wahrhaftig am Gang der Menschen sichtbar, wie sie durch das Leben gehen. Das ist bei uns selbst genau so. Man achte deshalb darauf, denn:

Alle diese Themen zeigen uns die Füße.

Zeitlinien prägen sich an den gesamten Fußsohlen;

durch Zeugung, Schwangerschaft, Geburt, Erlebnisse, Erziehung, Erfahrungen, Verantwortung.
Zeitlinien, Querfalten:

1 - 3 Jahre an der Ferse

4-12 Jahre in der Mitte des Fußes

12-19 Jahre am Ballen

20-25 Jahre Ballenende bis nach vorn zu den Zehenspitzen
Die Entwicklung während der Schwangerschaft läuft also in Richtung Zehen-Ferse, und ab dem ersten Lebensjahr kehrt sich die Richtung um. Dies ist so umzusetzen, dass beispielsweise in Bezug auf die Ferse sowohl auf die letzten Schwangerschafts-

monate und nochmals auf die ersten drei Lebensjahre geschaut werden soll. Die Falten aus diesen Jahren zeigen, was mit Ereignissen und der Entwicklung geschehen ist. Es ist dabei wichtig, das eigene Leben als einen Lernprozess des Lebens anzuschauen.

Körper – Geist – Seele

An dieser Stelle muss auch die Organsprache erwähnt werden. Die Reflexzonen zeigen uns, welchem Organ eine Veränderung zugeordnet werden kann. Dazu können sowohl die Reflexzonen als auch die Körperzonen-Einteilung nach Dr. med. Fitzgerald herangezogen werden (s.u.).

„Hominis imago in pedibus" heißt:
Das Abbild des Menschen in den Füßen

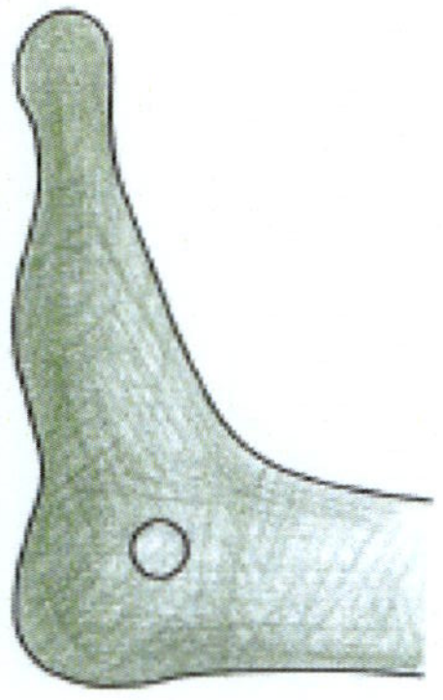
Form des Fußes

Form des sitzenden Menschen

Unser Arbeitsmodell:
Die Formenähnlichkeit zwischen einem sitzenden Menschen und seinem Fuß.

Längszonen: Ein Organ, Gelenk oder Gewebe, das in einer der 10 Fitzgerald'schen Längszonen im Großformat des Menschen liegt, findet sich an den Füßen entsprechend der kleinen „Landkarte" seiner Person in der gleichen Längszone. Beispiel: Das Schultergelenk in der Längszone 4 und 5 ist am Fuß ebenfalls in der Längszone 4 und 5 am Kleinzehengrundgelenk.

Querlinien: Ein Organ, Gelenk oder Gewebe, das innerhalb einer der 3 Querlinien im Großformat des Menschen liegt, findet sich an Füßen innerhalb der gleichen Querlinie. Beispiel: Der Dünndarm unterhalb der 2. Querlinie ist an den Füßen ebenfalls unterhalb der 2. Querlinie.

Praktischer Hinweis: Meist sind Zonen der Organe besser an der Fußsohle zu erfassen, die von Knochen und Muskeln eher an den Seiten der Füße und am Fußrücken.

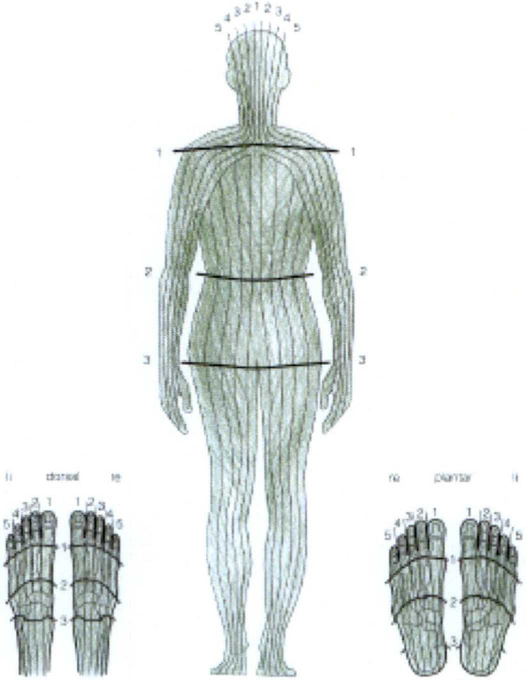

Längskörperzonen nach W. Fitzgerald und Querlinien

Quelle: Hanne Marquard: Körperzonen, überarbeitete und erweiterte Auflage, Königsfeld-Burgberg, 2005

Der Beginn des Gehens geht von der Ferse aus, das heißt: Ich möchte den Gang. Der Gehvorgang ist von ganz großer Wichtigkeit für den Körper; Geist, Seele und Organe spielen zusammen. Viele erwachsene Menschen, auch Kinder und Jugendliche hätten nie so viele Fußbeschwerden und andere Deformationen, wenn der Gang stimmig wäre.

Bei einem ausgewogenen Gang liegen anfangs zwei Drittel des Gewichtes auf der Ferse und ein Drittel auf den Fußballen. In der letzten Phase gibt es noch eine zusätzliche Gewichtsverteilung. Zwei Drittel des Gewichtes sind auf den Ballen unter der großen Zehe und ein Drittel auf den Ballen unter der kleinen Zehe verteilt. Der Ballen unter der großen Zehe muss also zwei Neuntel des Körpergewichtes tragen und der Ballen unter der kleinen Zehe ein Neuntel. Die Harmonie ist beim Gehen gegeben, wenn andere Zonen nicht überbelastet werden.

Es gibt noch so vieles zu berichten von unseren Füßen, ich spüre die Wichtigkeit. Hätte jeder Mensch die Liebe zu seinen Füßen und das Empfinden zum Körper, das wäre oft alles, was es braucht. Das Umsetzen muss jedoch erfolgen. Auch die Gedanken zu prüfen, ist förderlich; sind es meine, oder habe ich wieder Druck? Habe ich Emotionen wieder von außen aufgenommen? Das Buch, welches ich gerade lese, ist es gut für mich? Passt das momentane Umfeld zu mir? Habe ich die Schuhe an, die meinen Fuß erfüllen? NICHT nur: füllen meine Füße die Schuhe? Dies ist alles täglich zu betrachten. Alles hat eine große Wirkung auf den Körper, den Geist und das Seelenempfinden.

Oft sind es die belastenden Gedanken. Sie zu bekunden, bedarf eine große Aufmerksamkeit und Ehrlichkeit für sich selbst.
Das Wollen mit dem Willen in Einklang zu bringen ist eine tägliche fantastische Reise und Absprache mit dem Einzelnen in UNS. Ein Muskel spricht mit dem anderen, wie auch die Organe miteinander kommunizieren.

Zum guten Schluss achten wir auf das Äußere. Die Pflege der

Füße ist wohltuend und wichtig – das Gehen bis zu den Füßen fühlen. Wenn wir dem ganzen Körper einen täglichen Dank geben, ist das eine göttliche Geste.

Wie viele Menschen beschweren sich über sich selbst und sagen: die dummen Füße, oder ich verstehe nicht, warum der Fuß oder der Zeh weh tut. Frau Schneider, warum ist das so? Und sie werden auch noch krumm. Liebevoll heißt es dann mit diesem Menschen zu sprechen, und uns bewusst zu machen, dass dieser Mensch auch für die Füße verantwortlich ist. Es ist eine Freude, diese Zusammenhänge zu wissen und sich selbst dabei zu erkennen.

Hier eine kurze Analyse von einem Herrenfuß. Die Falten an der Fußsohle sind sehr fein und kaum sichtbar.

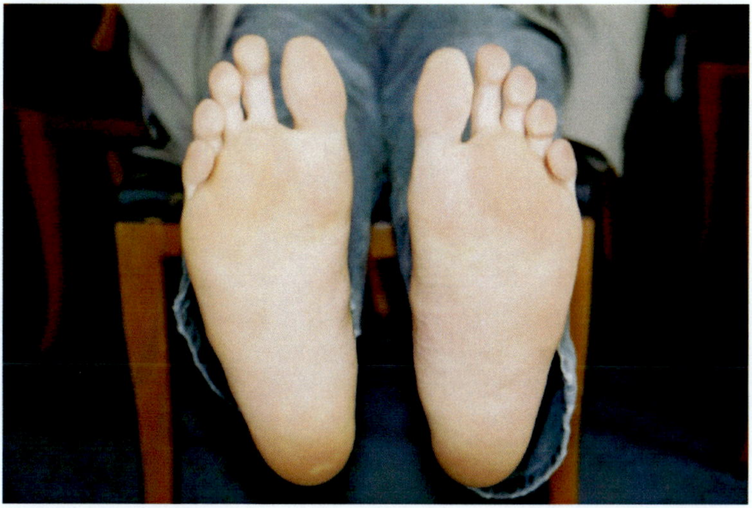

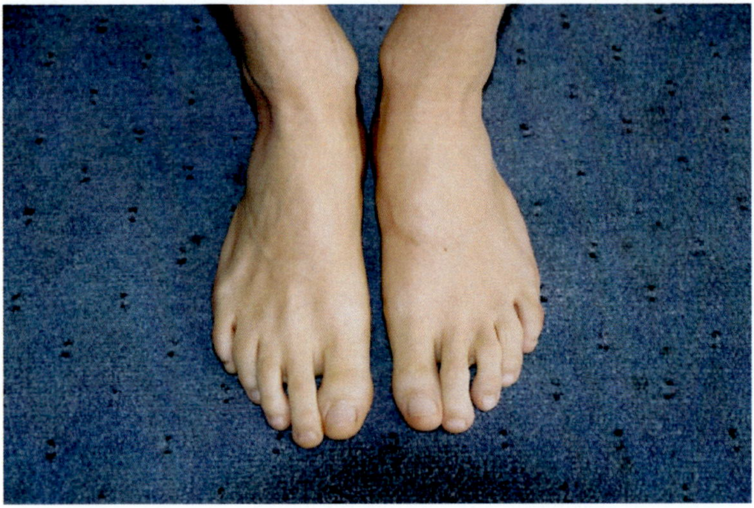

Der Fuß ist im Empfindungs-Bewegungsnaturell.

Der Fuß hat die Deformation eines Plattfußes, das heißt, der Mann musste schon sehr früh seinen Willen durchführen, um zurechtzukommen. Der Punkt der Empfängnis am großen Zeh rechts zeigt die Energie des Vaters, wo die Ablehnung da war. Der Geburtsverlauf zur Mitte des Fußes (Fußgewölbe) zeigt hier in der Entwicklung: Anerkennung und Liebe bekam er nicht. Da musste er schon einiges erfahren und Spannungen aushalten. Grenzerfahrungen: Ferse, 1-3 Jahre – Mangel an Zuwendung erlitten.
Er hat tiefsitzende Muster, und er hat viel Schmerz erfahren. Es ist zu wünschen, dass er das Thema „Vergeben“ mit Liebe anschauen kann. Ansehen und Widerstände sind zu klären.
Nach außen entwickelte er dadurch oft eine kühle Handlungsweise zum Schutz seiner Gefühle, denn es gab ja bereits genug Verletzungen. Die Willenskraft vom zweiten Zeh ist stark, der fünfte Zeh zeigt: das Wollen ist zurückgestellt. Der große Zeh zeigt Wissen und Intelligenz. Die Hautbeschaffenheit lässt auf eine feine Wahrnehmung von den Füßen erkennen. Die Energie geht zum Kopf mit feiner Kraft. Wenn er sich auf seine Füße konzentriert, bleibt er in seiner Balance. Am versteckten, feinen

Gemüt und seinem innersten Zuhause vom dritten Zeh zeigt sich eine Verdickung an, das heißt, er sollte sich Ruhe gönnen und seine Gefühle leben.

Das Zusammenspiel von Willen und Wollen ist blockiert und somit ist manche Entscheidung schmerzvoll.

Er hat Fähigkeiten für wissenschaftliche Forschungen. Etwas, das im Zusammenhang mit Technik und Menschen zu tun hat. Seine Sprache (Mund an großer Zehenkuppe) verrät, dass er auch mit spitzen Worten reagieren kann, um den Willen wieder zu bekommen.

Die Ferse hat Hornhaut, seine Nerven suchen sich Schutz. Den Gehvorgang üben wäre gut; Gefühle zeigen – denn er hat sie ja.

Hände – Füße

Was die Füße können...

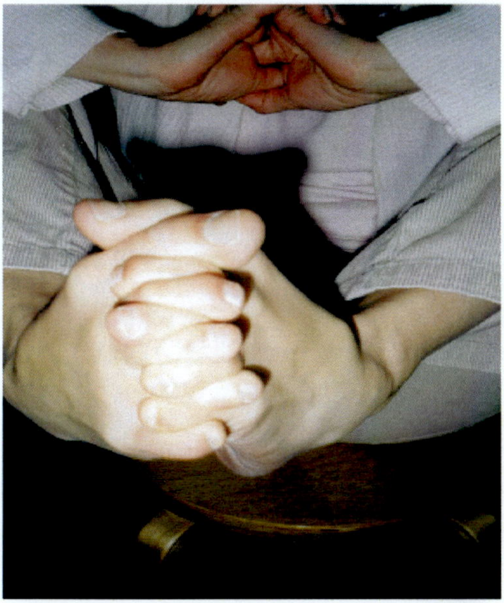

Die anatomische Struktur des Fußes ähnelt der Hand. Allein die Proportionen und Größe der Knochen, Muskeln und Bänder sind unterschiedlich voneinander. Es gibt jedoch einen für die Physiognomik wichtigen Unterschied zwischen Füßen und Händen. Legen wir die beiden Hände mit den Daumen aneinander, weisen sie nach außen. Bei den Füßen legen wir die großen Zehen aneinander und stellen fest, dass die Ferse zur Peripherie zeigt. Bei den Füßen entsteht ein offener Winkel. Dies beruht auf dem anatomischen Bau. In den Füßen liegt das Bestreben zur einheitlichen Geschlossenheit, wie es beim Willen der Fall ist. In der angegeben Haltung weisen sie zum Körper hin, nicht von ihm weg, wie die Finger der Hand.

Die 5 Zehen gehören in ihrer Anordnung und Beweglichkeit harmonisch zusammen. Sie liegen ebenmäßig nebeneinander. Im Gegensatz dazu fällt bei der Hand der Daumen aus der Gemeinschaft. Daumen und große Zehe stehen miteinander in Bezug. Beim Fuß übernimmt die große Zehe die Führung. Immer wieder ist auch an den Füßen wie an den Händen das Suchen von links nach rechts, um das Gleichgewicht herzustellen, zu beobachten. Denn das Wollen, das Fühlen, ist eine schwankende Bewegung und steht nie still, wie auch in der Musik. Das Gefühlsleben strahlt von der äußeren Seite durch den Atem und die Gedankenwelt ein. Dann kann von der inneren Seite die warme Kraft des Wollens emporsteigen.

Formveränderungen können allein durch Energiemangel und Blockaden entstehen

Hintergrund deformierter Füße sind immer auch Gedanken, Erlebnisse, verdrängte Gefühle, die Kindheit: das Gehen und Auftreten wurde nicht beachtet. Sei es mangelnde Anerkennung, Liebe, Angst, sich ausgeschlossen fühlen, Ablehnung durch andere, sowie die Ablehnung der eigenen Person, Widerstand, Erwartungshaltungen, Eifersucht, Liebesentzug, Schuldgefühle, Unbeweglichkeit, Hemmungen – Druck von Kind an, Trennungsschmerzen, Missbrauch im Seelischen, Geistigen oder Körperlichen, mangelnder Selbstwert, der Tadel an sich und anderen. Was passiert mit Wille und Wollen, wenn sie nicht im Einklang gelebt werden? Wenn das Gehen und Auftreten zum Beispiel nicht beachtet wird, der herzliche Umgang miteinander fehlt. „Wir haben doch keine Zeit“ – Ablehnung erzeugt starke Energiefelder, die uns zu schaffen machen, darauf folgende Ängste und Unsicherheiten stellen die eigene Persönlichkeit und Wertigkeit in Frage. Die mangelnde Anerkennung und Liebe, das Gefühl, ausgeschlossen zu sein, kann bis zur Ablehnung der eigenen Person führen. Widerstand, Erwartungshaltungen, Eifersucht, Liebesentzug, Schuldgefühle, Unbeweglichkeit, Hemmungen sind solche negativen Ursachen, welche die Muskulatur am meisten beeinträchtigen. Die Beweglichkeit der Zehen, die Funktionen, die angelegt sind und nicht genutzt und damit in Form gehalten werden, wie es uns die Natur gegeben hat. Das führt dann zur Deformation der Zehen und Füße.

All diese Unschönheiten, in denen sich die Zehen, Nägel, Haut ausdrücken, stehen mit Gedanken, Gefühlen und den dazugehörigen Erlebnissen in Verbindung. Die entsprechenden, persönlichen Themen wollen angeschaut werden. Die Zehen/Füße bekommen Schmerzen und wollen dem Verstand zeigen, dass die Gedanken mit den Gefühlen in die Harmonie gebracht werden sollen.

Bemerkenswert finde ich, dass oft nur ein Zeh oder Nagel deformiert ist – mal ist der Nagel verhornt, brüchig, rillig, eingewachsen, oder es bildet sich Hornhaut am Zeh. Das bestätigte mich, dass es themenbezogen ist, wenn an einem Fuß, Nagel oder am Zeh Schmerzen und/oder Deformation auftauchen. Tausende Analysen haben es mir bestätigt. Die Klienten waren überrascht und begeistert, dass es Lösungen gibt. Die Erlebnisse sind in keiner Weise mit Leichtfertigkeit für den Körper anzunehmen, denn je nachdem, wie der Mensch mit seinen Erlebnissen fertig wird, stellen sie zunächst für die Muskulatur, für den ganzen Fuß und auch für den ganzen Gehvorgang eine Belastung dar. Wird das Thema angeschaut, bearbeitet, kann man sich wieder anerkennen und JA sagen zu sich. Wenn ich den Willen aufbringe und mich einsetze und das Warum erkenne, werden Energien frei, und die Zehen werden schmerzfrei und gerade. Die Fuß-Behandlungen gelingen, die Zusammenarbeit mit Therapeuten und Ärzten ist dann erfolgreich.

Die Gedanken bilden immer ein Gefüge mit dem Gefühl, ob wir das, was wir denken, auch im Gefühl verarbeiten können, denn auch das, was wir wissen, was wir sehen und hören, hat einen Ablauf in unserem Innersten und muss verarbeitet werden, und somit ist auch der Gang der Menschen dementsprechend. Oft ist ein Druck in der Psyche so groß, dass sich die Gedanken und Gefühle im Fuß nicht mehr bewusst entfalten. Dadurch haben diese Menschen einen schweren Gang oder laufen mit eingekrallten Zehen, wo sich dann die Muskulatur nicht mehr entspannen kann und sich dann Verhärtungen und Krämpfe bilden. Die Gedanken sollten so aufgearbeitet und befreit sein, damit sie sich wohlig einfügen in unser ganzes Fußgewölbe mit den drei Bereichen, wobei dann eine Leichtigkeit entsteht, wie wenn ein Boot sanft über das Wasser gleitet; so wird auch das auf unsere Füße übertragen, von den Denkkräften und vom Herzen, oder aus dem innersten Feingefühl heraus, das sich wiederum an den Füßen zeigt.

Kalte Zehen

Tritt immer wieder das Symptom der kalten Zehen auf, dann beobachten Sie das Umfeld: Wo ist etwas nicht stimmig, wo fehlt Wärme? Ist der Großzeh betroffen, liegt wahrscheinlich eine Art Unterkühlung in Hinsicht auf Glauben und Vertrauen vor – wofür kann ich mich glaubensmäßig nicht erwärmen? Weiter kann der Zeitpunkt des Auftretens Aufschluss geben – welche neue Situation ist eingetreten, welche bleibenden, wiederkehrenden Gedanken kommen dabei hoch, die nicht abzustellen sind?

Welche Deformationen können die Füße bekommen?

In diesem Kapitel sind neben anderen Krankheiten die verschiedenen Deformationen – Spreizfuß, Senkfuß, Spitzfuß, Klumpfuß, Plattfuß, Hallux valgus (Formveränderung am Ballen, Großzehgrundgelenk) – und ihre Ursachen im Bereich des Denkens und teilweise im materiellen Umgang mit den Füßen näher beschrieben.

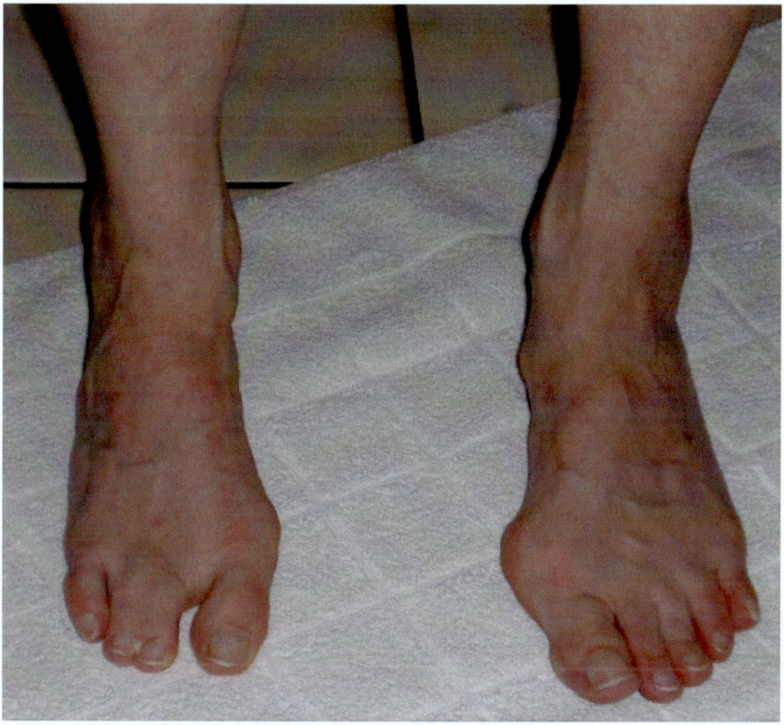

Gedankliche Ursachen für Deformationen an den Füßen und Gliedmaßen

Füße allgemein

In der Psychosomatik ist seit langem bekannt, dass seelische bzw. psychische Vorgänge im Menschen Krankheiten auslösen können. Einen der neueren Ansätze in dieser Denkrichtung formuliert hier Herrmann Locher vom Berufsverband der Orthopäden (BVO). Nach seinen Erkenntnissen kann sich mangelnde Zufriedenheit im Job als Rückenschmerzen äußern – eine mögliche Erklärung dafür, warum sich letztere bei vielen von uns manchmal sogar ohne erkennbare organische Ursache und trotz aller körperlich orientierten Gegenmaßnahmen so hartnäckig halten können. Orthopäde Hermann Locher wendet seine Theorie, auf den Körper zu horchen und nicht nur kopfgesteuert zu handeln, zunehmend in seiner Praxis an. Das Ergebnis ist eine psychoorthopädische Lebensberatung, die bei einer steigenden Anzahl von Patienten zur gewünschten Besserung führt. Er empfiehlt zum Beispiel sitzenden Führungskräften, auf einen ergonomisch gut eingerichteten Arbeitsplatz zu achten und auch die eigene Arbeitsposition in jeder Hinsicht zu überdenken. Das gilt nicht nur für Führungskräfte, sondern könnte sich für viele andere auch durch Gesundheit auszahlen, denn:

Wie bereits erwähnt, sind Gedanken positive Auslöser für den Willen und das Wollen. Auch der negative Gedanke beeinträchtigt die Muskulatur, denn dadurch entstehende Widerstände drücken sich automatisch im Bewegungsapparat aus. Das führt zu Verspannungen, die bis zur Unbeweglichkeit führen können. Bei einem manifesten Stau ist oft auch das Lymphsystem betroffen, und hier sollten die entsprechenden Ärzte oder Heilpraktiker aufgesucht werden.

Füße stehen für unser Ver-Stehen, weil wir unter anderem mit dem Gehvorgang das Verstandene umsetzen, und weil von der Art dieser Umsetzung die Füße in ihrer Struktur geprägt sind. An der Art des Auftretens erkennen wir, ob Sicherheit und Wertgefühl im Denken und Fühlen vorhanden sind. Fußprobleme stehen allgemein für die Angst, in die Zukunft zu gehen. Manchmal werden die Füße beim Gehen etwas einwärts oder auswärts gerichtet, was beim einen oder anderen auch einseitig vorkommen und zu leichten Schlenkerbewegungen führen kann; ein gerades Schreiten nach vorne ist jedoch wichtig für einen gesunden Gang. Und eben das ist wiederum nur mit Klarheit und Ausgeglichenheit im Denken, Handeln und Fühlen möglich.

Kalte Füße

Es fehlt die Denkverbindung zum Körper, der Geist wird auf dem Visuellen gelebt und nicht zum Körper; bei ständig kalten Füssen werden die Abwehrkräfte gemindert.

Zehen allgemein

Die Zehen stehen für kleinere Einzelheiten im Denken der Zukunft. Sind beim Gehen alle Zehen vorwärts gerichtet, deutet dies auf Jugendlichkeit und den Willen, die eigene Persönlichkeit zu bewahren.

Eingewachsene Nägel

Sorge - in Bezug auf das persönliche Recht

Eingewachsene Nägel sind die Folge vom Festhalten, wo losgelassen werden sollte. Erlebnisse, Personen wie auch materielle Güter, Überholtes.

Nachtragen der Gedanken - Erlebnisse im Zwischenmenschlichen - Erwartungshaltungen hemmen den Wuchs der Nägel, die Enden können sich nicht entfalten, ob Haare, Haut oder Nägel

Hornhautbildung

Bei Hornhautbildung, je nachdem, wo sie vorkommt, ist das Organ/die Reflexzone zu sehen, weiterhin die mit dem Erlebten verbundenen Gedanken. Die Hornhaut bildet sich zum Schutz der Emotionen, damit kann der Verstand sich gut einbringen. Die enttäuschten Gefühle in Verbindung mit der Wut gehen dagegen in die Verdrängung.

Die natürliche Funktion der Hornhaut am Fuß ist die Schutzfunktion. Fast jeder weiß aus Erfahrung, dass die Stärke der Hornhaut sich über einen Zeitraum hinweg den Bodenverhältnissen anpasst - gerade beim Barfußgehen. Das gleiche tut sich durch gedanklich aufgebauten Druck, nämlich wenn ein Widerstand gegen unerwünschte Einflüsse aufgebaut wird. Dies geschieht oft in der Form, dass man sich verschließt und erst gar nicht auf etwas einlässt. Bildet sich immer wieder Hornhaut an einer Stelle, ist die Erkennung besonders nötig, weil dann möglicherweise schon Organe durch ständigen Energieverlust und den daraus entstehenden Energiemangel blockiert sind - um welches Organ es sich handelt, ist auf der Reflexzonentafel ersichtlich. Aus dieser Erkenntnis heraus kann mit der psychosomatischen Bedeutung des entsprechenden Organs die Situation beleuchtet werden.
An der Ferse können wir immer davon ausgehen, wenn sich Hornhaut bildet, dass es sich um materielle Güter handelt, sei es Angst um das Finanzielle, oder mehr Ausgaben als geplant. Manchmal braucht der Körper mehr Ruhe und holt sich vorab den Schutz durch Hornhaut.

Neben der psychologischen Deutung ist natürlich die Entfernung der Hornhaut und entsprechende Pflege erforderlich, da sonst Hühneraugen entstehen können.

Hühneraugen (Druckstellen)

Hühneraugen sind verdickte Hornschichten und deshalb ähnlich wie Hornhaut zu sehen. Sie entstehen durch chronischen Druck.

Hier spielt auch noch eine verhärtete Denkweise mit hinein.

Fußpilz

Das Thema ist Täuschung und Enttäuschung; Selbsttäuschung und Realitätsferne in der Beziehung. Die Täuschung ist, dass ich eine Vorstellung habe, die sich mit der Realität nicht vereinbart, sie kann besser oder schlechter als die Realität sein und ist manchmal übertrieben. Einer neutralen (!) Beratung Gehör zu schenken, kann hier von großer Hilfe sein. Ein Fußpilz steht dann natürlich auch für erlebte Enttäuschungen, das Gefühl nicht akzeptiert zu werden. Fußpilz beginnt meist mit Juckreiz, der im späteren Verlauf verschwinden kann, zeigt sich gerne zuerst im Zwischenraum am kleinen Zeh und kann sich auf weitere Bereiche ausdehnen – meist Zwischenräume.

Ferse

Bereits Laotse sah den Ausgangspunkt des menschlichen Willens an den Füßen beginnend in den unteren Gliedmaßen. Nach meinen Erkenntnissen spielt hier die Ferse eine wichtige Rolle. Erkrankungen an der Ferse haben mit dem Ich-Willen, dem Körperlichen und der Materie zu tun. Das Fersenbein trägt den ganzen Körper. Es ist ein Sammelpunkt von Nerven, steht also auch für die Nervenkraft. Aus meiner Praxis kenne ich folgende Schwierigkeiten:

Fersensporn

Fersensporn von außen

Fersensporn

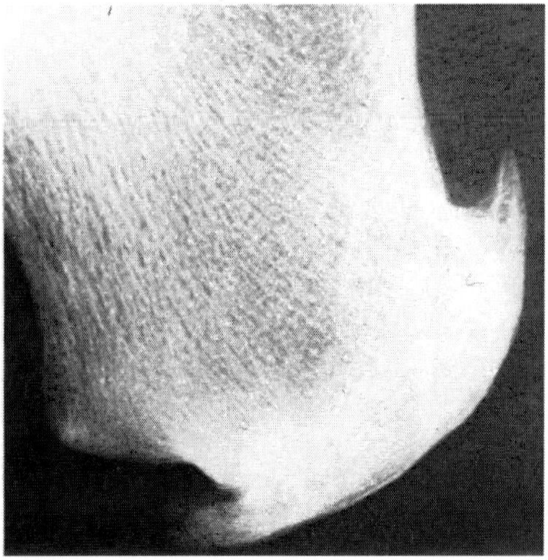

Quelle: Hellmut Ruck, Das Buch der Fußpflege.

Der gesamte Fuß zeigt uns die Klarheit der Gefühle und Gedanken.

Die Formen am Fuß als Ausprägungen der körperlich-seelisch-geistigen Bewegungen und Vorgänge sind von der Empfängnis bis zur Geburt, von der Großzeh-Wurzel bis zum Ende der Ferse erkennbar. Innerlicher Standort gleich äußerer Zustand.

Der Fersensporn ist sehr verbreitet! Viele Menschen leiden daran. Die unangenehmen Schmerzen an der Ferse sind oft bis zum Kopf spürbar. Mit diesen Schmerzen sehen Menschen sehr erschöpft aus. Ihre Lebensfreude geht zurück. Beim Gehen verlagert sich der Schmerz mehr auf den Vorderfuß. Oftmals meldet sich schon morgens beim Aufstehen ein stechender Schmerz. Durch die Belastung beim Gehen und Stehen verstärkt sich der Schmerz. Die Gedanken sind oft voller Wut und Gewalt. Es ist leicht zu sagen: «denke jetzt positiv», wenn der Schmerz die guten Gedanken überragt. Beim Laufen kommt sogar ein brennender Schmerz dazu. Bei harten Böden reagieren Fuß und

Fersensporn noch empfindlicher.

Interessant ist noch, dass der Fersensporn von außen nicht sichtbar ist. Erst beim Abtasten an bestimmten Stellen stellt sich die Empfindlichkeit ein. Besonders vom Ansatz der Achillessehne her, und auch am vorderen Ende des Fersenbeins ist der Fersensporn spürbar. Im Röntgenbild zeigt sich ein stumpfer oder spitzer Auswuchs der Knochenrinde. Der Fersensporn schmerzt nicht selbst, sondern reizt das umliegende Gewebe und ruft dadurch Entzündungen hervor. Gerade an dieser Stelle, wo sich der Fersensporn zeigt, enden die wichtigen Sehnen. Dort ist der Ansatz der Achillessehne und der Sitz des Schleimbeutels. Durch den Reiz wird eine Entzündung hervorgerufen. Die Knochenhaut kann sich durch den ständigen Reiz auch entzünden.

Sind das harte Auftreten, die Bodenbeschaffenheit oder seelische Erlebnisse mögliche Ursachen eines Fersensporns?

Ich konnte über die Entstehung eines Fersensporns keine klare Antwort aus Büchern/Fachzeitschriften bekommen. Durch meine eigenen Forschungen über zwanzig Jahre hinweg gewann ich im Laufe der Zeit folgende Erklärungen – mit vielfacher Bestätigung – von Klienten mit Fersensporn:

Die Beschaffenheit von Böden und Schuhen spielt eine Rolle. Harte Böden und nicht passende Schuhe verursachen im Körper und der Wirbelsäule Deformationen, was wiederum das Nervensystem und die Psyche beeinträchtigt. Die Nerven der Füße laufen entlang der Ferse. Naturböden und Holzböden wirken sich immer positiver auf unsere Gesundheit aus (barfuß gehen).

Seelische Ursachen:

Die Grundgedanken von Klienten mit Fersensporn waren oftmals so, dass sie mit Angst und Panik nicht fertig wurden. Bei plötzlichen Trennungen ist das Nervensystem überfordert, viele Klienten bekamen im Anschluss den Fersensporn. Ständiger Druck auf die Psyche durch Arbeit, Partner, Familie, wenn insgesamt die Ruhe fehlt, führt das besonders bei Ernährungsanlagen zu einer Überforderung des Nervensystems. Bei Eifersucht kommt Panik auf, und die Nerven werden überfordert. Abgelehnte Gedanken und Gefühle lagern sich im Körper ein. Die Achillessehne ist auch davon betroffen, denn es geht um das Vertrauen. Das Vertrauen hat wiederum mit dem Gott-Glauben und mit mir selbst zu tun. Die Nerven werden mit dem Unglauben strapaziert, und es fehlt die Ausgeglichenheit beim Auftreten. Beim gesunden Auftreten werden Ferse, Ballen und die Zehen im Gleichklang belastet – siehe Kapitel ‚Gehvorgang'. Hier wird die Ferse mehr belastet und die Reibungen sind stärker. Dadurch entsteht die Entzündung. Bleiben Wutgedanken, kann sich das System nicht erholen. Oftmals ist es die eigene Unfähigkeit, dass sich dieser Klient nicht erlaubte, aus der Opferhaltung herauszugehen und sich von den eigenen Gewalt-Gedanken frei zu machen. Es geht immer wieder um die eigene Liebe.

Gewalt – Eifersucht – Angst

Ein Fallbeispiel aus der Praxis

Bert und Gitta litten unter dem täglichen Druck. Gitta hatte schon lange mit der Liebe zu ihrem Mann Bert abgeschlossen. Er wiederum konnte Ihre Ablehnung nicht verstehen. Er sprach nicht von seinen Gefühlen, sondern verhielt sich launisch und eifersüchtig. Er machte ihr Vorwürfe und sie hatten im täglichen Leben viele Auseinandersetzungen. Jeder ging mehr und mehr seine eigene Wege. Die Nerven wurden bei beiden strapaziert. Bert bekam einen sehr schmerzhaften Fersensporn. Gitta bekam Gallensteine. Beide waren bereit für eine Beratung. Viele unverarbeitete Themen waren zu klären. Bert kannte seinen Vater nicht und Gitta kam aus einer geschiedenen Ehe. Die Nervenkraft war bei den beiden von jung an überfordert. In der Beratung hat jeder für sich seine Wertigkeit wiedergefunden und sie konnten sich gegenseitig vergeben und sind wieder glücklich miteinander. Allerdings in einer neuen, gegenseitigen Achtung. Der

Fersensporn ist geheilt, nur darf sich Bert nicht überfordern, denn eine gewisse Empfindlichkeit ist ihm geblieben.

Es gäbe noch viele Geschichten zu erzählen. Die wachsende Erfahrung mit dem Thema hat mir bestätigt, dass die vielen Möglichkeiten von verschiedenen Erlebnissen und Charaktereigenschaften der Menschen immer wieder zu körperlichen Schmerzen führen.

Was tun beim Fersensporn? Hier ein kleiner Leitfaden.

- Bei anhaltenden oder chronischen Schmerzen den Arzt aufsuchen
- Das Muster mit dem Thema in einer kompetent beratenden Fußanalyse erkennen
- Die Füße hochlegen und sich Ruhe gönnen
- Fußbäder (nicht zu warm – die Temperatur sollte wohltuend sein)
- Eine Einlage zur Druck-Entlastung tragen (gegebenenfalls auch zur Ausgleichung des Beckens)
- Schuhe sollten ein gutes Fußbett haben.
- Gedanken und Gefühle in Einklang bringen
- Das Vertrauen wieder herstellen und die Nerven schonen

Der Fersensporn kann sehr schmerzhaft sein. Gerade weil die Ursache nach meiner Erfahrung eine nervliche Überforderung ist, deshalb ist die Therapie des Fersensporns auf jeden Fall mit Geduld und Ruhe anzugehen. Die beste Lösung ist innere und äußere Ruhe, den Fuß wenig belasten und hochlegen. Wichtige

Themen sind anzuschauen, die einem an die Nerven gegangen sind. Über diese Wege kann erreicht werden, dass die geplagte Seele wieder *zu sich* kommt.

Hornhaut an der Ferse

An der Ferse bildet sich bei materiellen Belastungen und Überforderungen Hornhaut, die sich sozusagen als Schutz vor die Thematik legt.

Fersenrisse

Hier ist bereits Hornhaut vorhanden. Durch langes Fortbestehen ungelöster Themen bilden sich Risse, der Schutz ist dann nicht mehr gegeben.
Beispiele hierfür sind gegebene materielle Verlustängste jeder Art, ein erlittener Schock durch Wegnahme oder Betrug. Das ist oft durch äußere Umstände gegeben. Menschen, die ein tiefes Vertrauen besitzen, neigen nicht so sehr zu diesen Veränderungen. Glaubenssätze in Bezug auf die Versorgung helfen uns hier weiter, zum Beispiel:

Ich gehe mit Freude und Leichtigkeit weiter.

Ich vertraue auf die Versorgung.

Achillessehne

Die Achillessehne steht im Besonderen für Glauben und Vertrauen. Bei allen Problemen, die hier auftauchen, ist eine dringende Stärkung dieser beiden Eigenschaften zur Unterstützung geraten.

Dornwarzen

Dornwarzen sind ein kleiner Ausdruck des Hasses und der Wut an der Basis des Ichs und des Verstehens. Frust über die Zukunft macht sich breit, es wird mehr an Hässlichkeiten geglaubt als an das Schöne, die Freude. Die Gedankenvorstellung bewegt sich in negativen Bildern und sieht vieles im Dunkel.

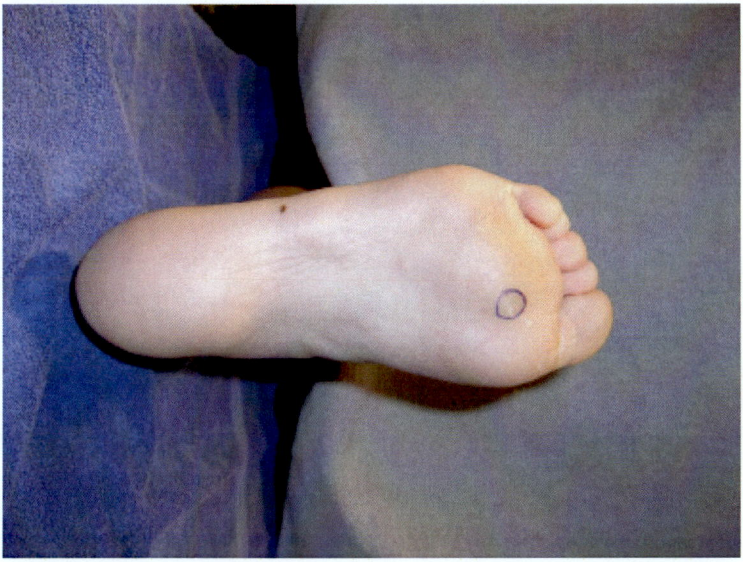

Im Vergleich zum Fußpilz bewegt man sich hier nicht mehr in der Welt der zwischenmenschlichen Beziehungen und Bedürfnisse, sondern bereits im Schmerz, der durch seelische Verletzungen und Ablehnungen ausgelöst wurde.

Knochenbrüche - Warum?

Die Knochen stehen für unsere Festigkeit vom Aufbau der gesamten Struktur her. Die Knochen sind zu sehen wie ein Bauelement, das aus verschiedenen Substanzen besteht - Calzium, Kalk, Fasern, Stützgewebe.

Die Gedanken haben immer wieder Einfluß auf unseren gesamten Körper und das Knochensystem. So erklärt sich das sehr gut, wann Knochenbrüche oder Verletzungen stattfinden. Hier sind bereits alle Hinweise und alle harmlosen Anzeichen, wie es zum

Beispiel eine übermäßige Hornhaut wäre, übergangen worden, und das Feingefühl ist komplett unterdrückt. Aus meiner Praxis möchte ich das zusammenfassend darstellen:

Das Anstoßen oder Verletzen an den Zehen, bzw. dass ein Zeh einen Bruch erfährt, passiert oft am Großzeh.
Ich hörte immer wieder sagen, ich stehe morgens auf und bin schon neben meiner Mütze und stieß mir schon wieder den Großzeh an. GEDANKEN ordnen.

Die Gedanken sind ganz woanders, sozusagen ist man nicht bei sich, der Kopf ist schon weiter als die Füße. Da passiert ein Aufprall mit dem Großzeh oder auch einem anderen Körperteil.
Ein anderes Beispiel: Auflehnung gegen Personen mit Autorität/Ärger über eine Person, die seelische Elastizität ist überfordert. Dieser Mensch kreist ständig in den eigenen Gedanken, ich möchte mich gegen diese Person - oder eine Sache - regelrecht auflehnen. Somit passiert folgender Prozess: die geistige Festigkeit, mit der Willenskraft bei sich zu bleiben, ist nicht möglich, die Substanzen im Knochengerüst werden wie weich bzw. spröde, der Wille konzentriert sich mehr auf die Person, wo die Ablehnung/der Widerstand hinfließt, somit kommt ein Aufprall, um die Festigkeit in sich wieder zu spüren.

Schweißfuß

Eine mögliche Ursache von außen ist mangelnde Pflege. In meiner Praxis erlebte ich des Öfteren, dass Füße nicht gepflegt sind, z. B. die Zwischenräume der Zehen nicht gut abtrocknet wurden, und sich in dem Verlauf auch der Schweißfuß bildete. Bei überernährten Ernährungsnaturellen kann es vorkommen, dass sie wegen des störenden Bauches ihre Füße und die Zwischenräume nicht mehr gut abtrocknen können.

Einen weiteren Zusammenhang konnte ich feststellen: Zu scharfes Essen über einen längeren Zeitraum, gepaart mit vielen Widerständen von Außen - die Pflege der Füße wurde vernachlässigt, und dies führte bei einigen Klienten zu Schweißfüßen. Diese Schweißfüße haben einen intensiven Geruch, und der Schweiß fühlt sich klebrig an. Das Verdauungssystem hat viel zu leisten, so dass der Wasserhaushalt im Körper nicht mehr stimmig ist. Der Körper sondert mehr Wasser ab.

Die seelische Ursache ist Angst - oft von Ablehnungen herrührend. Besonders bei Empfindungsnaturellen handelt es sich oftmals um einen Angstschweiß.

Die Angst aus Erlebnissen, bei seelischen Schmerzen wegen Trennung oder durch Tod kann dazu führen, dass sich bei diesen Menschen der Schweißfuß bildet. Dieser Schweißfuß ist mehr wässerig und hat einen leichten Geruch von Essig. Bei Männern erlebte ich das öfters, wenn sie von der Frau verlassen wurden, dass sie starke Schweißfüße bekamen. Ein Beispiel für seelisch bedingten Fußschweiß: Ein Junge namens Karl im Alter von 12 Jahren, der unter Angst leidet, kommt regelmäßig zur Fußbehandlung wegen Schweißfuß und Mykosen-Nägeln. Bei Karl konnten wir ein für ihn heftiges Erlebnis herausfinden, da er nach der Geburt wegen Atemnot von der Mutter weg kam. Er bekam eine Spritze, die er im Unterbewusstsein als Schock erlebte, woraus er Angst behielt. Die Gedanken, gestochen zu werden, blieben ihm im Unterbewusstsein. Seine Zehennägel lösten sich ab. Wenn ich ihn berührte, bekam er sofort Schweißfüße, wenn ich zum Säubern der Nägel die Schere ansetzte, zuckte er. Durch dieses Zucken kam ich mit der Spitze an den Großzeh und er schrie, obwohl nichts passierte. Die Mutter erzählte dann dieses Erlebnis und wir gingen auf seine Gefühle ein, somit kamen wir auf dieses Angsterlebnis und konnten ihn beruhigen. Er ist inzwischen frei von dem Fußschweiß und seine Nägel wachsen stabiler.

Spreizfuß (Pes transversoplanus)

Das Längsgewölbe des Fußes ist abgeflacht. Das Fußgewölbe zusammen mit der Fußwurzel bilden die Mittelfußknochen. Das

Fußgewölbe hat einen äußeren, flachen und einen inneren, hochgewölbten Rand. Auf dem inneren Rand liegt hier die Körperlast stärker als auf dem äußeren. Auf diese Spannung und den dadurch entstehenden Druck (körperlich wie gedanklich) ist das Fußgewölbe ausgerichtet, und der Bogen zeigt uns dann die Veränderung im Verhalten des Gehvorganges und der Gedanken.

Ursache des Spreizfußes ist der Gehvorgang, wenn er nicht im Dreiklang (Körper-Gedanken-Psyche in Übereinstimmung) gegangen wird. Die gedankliche, seelische Ursache ist ein Ungleichgewicht von Erlebnissen. Ständiges Tragen von Schuhen mit dicker Sohle trägt unter anderem dazu bei, weil die Füße die Erde nicht mehr wahrnehmen – bei Frauen, wenn sie meist einen Schuh tragen, der nicht gebunden ist – die sogenannten Pumps und Stöckelschuhe.

Die gedankliche Ursache und damit einen Aspekt bei der Entwicklung des Spreizfußes konnte ich bei vielen Klienten erfahren. Die Gedanken waren in einem Ungleichgewicht, Gedankenstruktur fehlte. Die Gefühle und Gedanken sind dann nicht miteinander verbunden. Es entsteht ein Widerstand zwischen dem Denken und Fühlen. Die kurzen Fußmuskeln können sich bei unstrukturiertem Denken nicht miteinander verbinden. Bei vielen versteifte sich sogar der Fuß.

Eine der äußeren Ursachen sind dicke Schuhsohlen, weil die Erdverbundenheit in diesem Sinne nicht mehr gespürt wird. Das ständige Tragen von Stöckelschuhen oder Schuhen, die nicht gebunden werden, verursacht ein Ungleichgewicht im seelischen Bereich.

Das dissonante Zusammenspiel von Gedanken und Gefühlen andererseits blockiert das Längsgewölbe und verursacht den Spreizfuß.

Der Spreizfuß und das Fußgewölbe in der Praxis

Viele Menschen kommen zu mir und haben gerade im Mittelfuß (Fußgewölbe) Schmerzen. Ich finde das Wort Fuß - ge - wölbe - Wolke sehr romantisch und frage mich sofort, was mag wohl diese Seele in ihrer Gewölbe-Wolke versteckt haben? Welche Bilder werden hinter dem Gewölbe hervorgeholt?

Doris war hier und sagte, ich habe solche Schmerzen im Gewölbe des linken Fußes.

Wir lüften das verborgene Erlebnis: Die Tante aus Amerika war hier und verhielt sich ähnlich wie die verstorbene Mutter von Doris, die ihr immer wieder Druck machte und sagte, was sie zu tun hätte. Kindheitsbilder kamen hoch, dann flossen Tränen, und die Versöhnung mit der Mutter fand statt, der Schmerz verschwand. Die von der Tante ausgelöste Erinnerung hatte den Schmerz verursacht.

Ich finde es immer wieder faszinierend, wenn das Thema gefunden worden ist, wie Menschen beschwerdefrei werden, und eine Ausstrahlung über die Füße und das Gesicht fließt. Man kann wirklich sagen, Herz und Seele haben sich geöffnet, das Gesicht ist voller Klarheit. Die Liebe gilt immer wieder den Wurzeln (Eltern) und sich selbst. Wer diese Liebe annimmt, spürt sich im Ganzen.

Senkfuß

Der Senkfuß entsteht, wenn das Längsgewölbe des Fußes abflacht. Die Füße ermüden leicht und schmerzen.

Der Senkfuß steht auch im Zusammenhang mit dem Spreizfuß. Er hat nur ein anderes Thema. Er sucht die Wahrheit und deshalb senkt sich das Fußgewölbe. Beim Spreizfuß geht es um die Gedanken und Gefühle, die in Einklang gebracht werden möchten. Es geht darum, die eigene Wahrheit zu finden. Der persönliche

Wert wird oft zurückgestellt. Beim Finden der Mitte geht es um die wollenden Gefühle.

Ein befriedigendes Gefühl wird erst erreicht, sobald ein junger Mensch gelernt hat, mit seinen Füßen richtig zu gehen, und mit den Füßen aufrecht zu stehen vermag. Jubel entsteht beim Kind, wenn es das Aufrechtsein erreicht hat; das ist ein Zeichen des Wohlgefühls.

Dieses Wohlgefühl durchdringt die Füße und wird mit dem Willen des Ichs gefördert. Diese ersten Schritte des Gehens bedeuten für ein Kind, die Freiheit und die persönliche Unabhängigkeit zu finden.

Der Spitzfuß

Das Bein bleibt verkürzt, die Ferse erhoben und der bzw. die Betroffene kann mit der Ferse nicht auf dem Boden auftreten. Diese Füße sind krankhaft und bleiben so. Ob es hierfür chirurgische Möglichkeiten gibt, ist jeweils mit dem Arzt zu klären. Auch orthopädische Hilfe ist möglich. Ein guter Podologe kann mit Orthesen eine gute Unterstützung leisten.

Der Spitzfuß wird im Fachausdruck lateinisch „Pes equinus“ oder auf Deutsch Pferdefuß genannt. Diese Missbildungen zeigen Schicksalhaftes. Um diese tiefen Ursachen zu bekunden, ist es von Vorteil, karmische Vorleben zu erkennen. Das sollte selbstverständlich der Klient selbst entscheiden. Die Lernaufgaben in diesem Leben sind mit diesen Füßen von großer Bedeutung. Eine Klientin war mit einem Spitzfuß und einem Klumpfuß zur Analyse und Behandlung bei mir.

Eine sehr empfindsame Frau mit hohem Gerechtigkeitssinn, sehr gläubig, und sie pflegte ihre Glaubenssätze. Ihre Worte: Ich muss alles Recht machen, mir darf man nichts nachsagen. Ich will in dem Leben alles klären. Sie war ständig auf der Suche nach Erkenntnissen.

Aus der Ahnenforschung ging hervor, dass in der Familie Gier, Sucht und Erbstreitigkeiten waren und dass diese Frau eine Trägerin von vielen Familienmitgliedern ist. Ebenfalls zu erkennen war das Karma, von dem sie auch laut eigener Aussagen schon aus früheren Leben einiges mitbrachte. Jetzt durchlebt sie mit dieser Behinderung ihr Leben korrekt und in Ehrlichkeit mit Gottesglauben.

Der Klumpfuß

Wenn ich dem Wort KLUMPEN die Beachtung gebe, so müsste man die Dinge anschauen, welcher Klumpen wird getragen, welche Lasten ergeben den Klumpen. Oder wenn ich die Gedanken anschaue aus dem Willen und Wollen, bekomme ich ein wunderbares Bild in der Psyche. Gewisse Denkprozesse vom Willen und Wollen wurden nicht erfüllt, vom Vorgeburtlichen, der Zeugung bis zur Geburt. Ich habe mit dem Klumpfuß so gut wie keine Erfahrungen gemacht, außer mit der einen Klientin.

Der Plattfuß (Pes planus)

In Verbindung mit dem Plattfuß konnte ich viele gleiche Ergebnisse erzielen: es waren Klienten mit Lebensdruck, Trotz, Machtstreben und zurückgestelltem Wollen.

Viele junge Menschen ab dem 12. Lebensjahr und früher haben einen Plattfuß.

Das Wort PLATT deutet bereits darauf hin, dass in der Psyche Gedanken sind, die einen starken Druck ausüben. Beim Trotz, wenn er mit dem Willen durchgesetzt wird und mit wenig Gefühl aus dem herzlichen Wollen, gibt es im Körper und in der Muskelanspannung ein Gewicht wie eine Presse. Das soll nun die Fußsohle aushalten. Dieser Druck – man stelle sich vor: Trotz, Wille und Durchsetzung – führt zu einer starken Anspannung, so dass das Körpergewicht sich verdoppelt oder sogar verdreifacht; soviel Spannung geht durch den Körper. Dadurch wird das Fußgewölbe platt-gedrückt.

Eine andere Version gibt es bei Soldaten, wo Machtstreben vorherrschend ist; man denke nur an die Parademärsche.
Auch das frühe Tragen von Gewichten oder schwere Körperarbeit geht auf die Gliedmaßen und die Fußsohle.

Wenn bei der Erziehung die Achtung, die Wertgefühle, das Ansehen und die Liebe fehlen, entwickelt sich eine Missachtung bei manchen Kindern und dies führt zum Plattfuß. Auch ein roher Umgang führt zu Trotz und es kommt wieder zu dieser Deformation.

Bei der Erziehung ist darauf zu achten, dass der Wille und das Wollen gut gefördert werden. Jedes Kind sollte an Kreativität herangeführt werden, je nach Anlagen mit seinen Händen tätig zu sein. Handarbeit, Basteln, ein Instrument spielen, damit sich die Seele und die Liebe zum Körper gut entwickelt.
Erfolgserlebnisse wachsen mit dem Tun. Das Erbrachte wird gesehen.

Ballen, Hallux valgus

Das Zehengroßgrundgelenk zeigt uns die seelische Verbindung und Verarbeitung von Erlebnissen, diesbezügliches Denken und Fühlen oder mitgebrachte Erbanlagen.
Der Hallux valgus ist eine Veränderung am Ballen/Großzehgrundgelenk; er zeigt sich durch eine Ausbuchtung des Zehengroßgrundgelenks (Ballen). Ursache ist eine angeborene Bindegewebsschwäche, die das Entstehen eines Spreizfußes begünstigt. Dadurch verändert sich die Zugrichtung der Sehnen an den Großzehen. Am Anfang, wenn sich der Hallux valgus bildet, habe ich von vielen Klienten erfahren dürfen, dass sie große Schmerzen hatten. Oftmals wird eine Diagnose gestellt auf Rheuma. Der Schmerz zieht sich durch den ganzen Körper, der Kopf mit seinen Denkkräften ist belastet. Es entsteht oft Kopfdruck und Müdigkeit.

In der Psyche steht der Hallux für die Lebensfreude, Herzensangelegenheiten und der Hallux valgus für Trennungen, Opferrollen. Bei Opferrollen geht die Freude am eigenen Leben zurück. Begegnungen und Erfahrungen werden nicht begriffen und umgesetzt, nicht losgelassen im gegebenen Moment. Das Thema ist hier: Segnungen annehmen oder durchsetzen - vom Wollen geführt und vom Willen durchgesetzt.

Beim Forschen am Hallux kamen wieder viele Klienten zu mir und erzählten mir ihre Geschichten.

Der erste männliche Patient mit Hallux valgus erschien in meiner Praxis erst nach vielen Frauen mit diesem Thema. Ich dachte mehr an die Opferrollen, bis ich den Zusammenhang erfasste, dass es auch etwas mit Trennungsschmerzen zu tun haben könnte. Die Schuhe, heißt es, spielen bei Frauen eine Rolle. Es waren einige Frauen bei mir mit großem Hallux valgus, und diese hatten nie Stöckelschuhe an. Sie trugen gute Schuhe, und das gab mir die Erkenntnis und den Auftrag, dass hier weiter zu forschen war. Es spornte mich immer mehr an, beim Seelenleben zu schauen und die Themen/Erlebnisse mit den Gedanken zu verbinden. Männer, dachte ich anfangs, können den Hallux valgus nicht bekommen. Ich vermutete, dass es doch ausschließlich mit Gefühlen und unerfüllten Emotionen in Verbindung stünde.

Ein Fallbeispiel

Ein Herr Namens Erwin[2] kam im Jahr 1990 zu mir und erzählte Folgendes:

Seine Frau sei vor 5 Jahren plötzlich gestorben und er leide noch unter der Trennung. Herzschmerzen hätte er ab und zu, sonst sei nur der Großzeh (Ballen) gewachsen und schmerzte. Keiner hatte eine Erklärung für den Großzehschmerz. Wir gingen seine Themen durch. Die Gedanken waren noch verbunden mit seiner Frau, und Egon stellte fest, wenn er in diesen Gedanken blieb, dass ihm das Zehengroßgrundgelenk (Ballen) wehtat.
Bei den vielen Analysen bekam ich die Bestätigung, dass der Hal

2) Name von der Redaktion geändert

lux valgus entstand, bei plötzlichen oder schwierigen Trennungen, sei es durch Tod, Scheidung, Partnertrennung, Ortswechsel, Arbeitsplatzverlust. Wenn Trennungen nicht verarbeitet wurden, dann machte sich der Ballen bemerkbar.

Der Hallux kann auch als Erbe oder aus der Familienstruktur übernommen worden sein, sei es die Sorge um Oma oder eine andere Person. Das heißt, dass die Rollen der Familie weitergetragen werden. Aufgabe ist es, die Themen anzuschauen.

Der Hallux valgus entstand also durch die Opferrollen, die Selbstablehnung und daraus, anderen mehr Wert zu geben als sich selbst. Der Hallux valgus ist sehr verbreitet.

Mit dem Wissen und entsprechendem Handeln, kann ein Fortschreiten und Wachsen des Hallux valgus unterbrochen werden. Früherkennung ist wichtig, besonders bei Kindern. Ich habe schon von vielen Klienten erfahren, dass ein Hallux valgus trotz Operation wieder gewachsen ist. Auch wenn eine solche vorgenommen wird, sollte das Thema/Muster angeschaut werden, damit die seelischen Belastungen erkannt werden.

Lösungen:

- Die Gedanken und das Muster erkennen

- Die Beweglichkeit der angelegten Funktionen täglich üben, nämlich Beugen, Strecken, Spreizen, auch zur Vorbeugung. Eine Hilfe können hier die in Bildern dargestellten, vorsichtig (!) durchgeführten Übungen sein.

- Fußroller mit Gurt (Bild 17),
- Zwischenteil (Orthose) vom Großzeh zum zweiten Zeh anfertigen (Bild 18)

- Regelmäßige Fußpflege

- Ein spezieller Massagegriff (siehe „Sesambeinchen" im Ka pitel „Anatomie der Füße") am Zehengroßgrundgelenk, welcher das Sesambeinchen in die Beweglichkeit bringt, Blockaden am Vorfuß löst. Viele Menschen erfahren durch diese Übungen und den Sesambeinchengriff neue Glücks gefühle und ein Wohlgefühl. Am Vorfuß, Ballen, Trapezmuskel lagert sich gerne der Druck von Gefühlen und Gedanken ab. Der Vorfuß fühlt sich dann – mehr oder weniger subtil – gestaut und blockiert an.

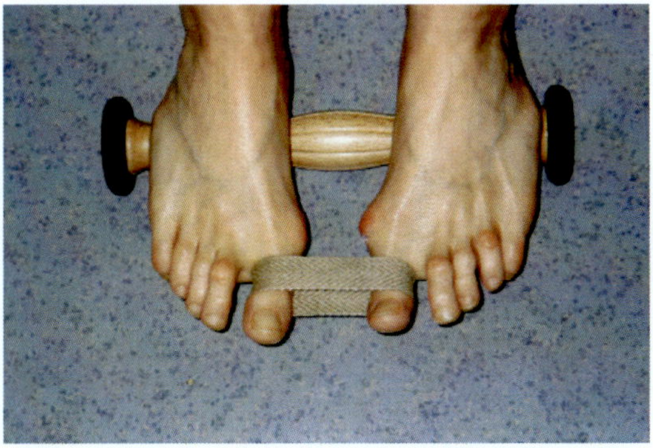

Bild17

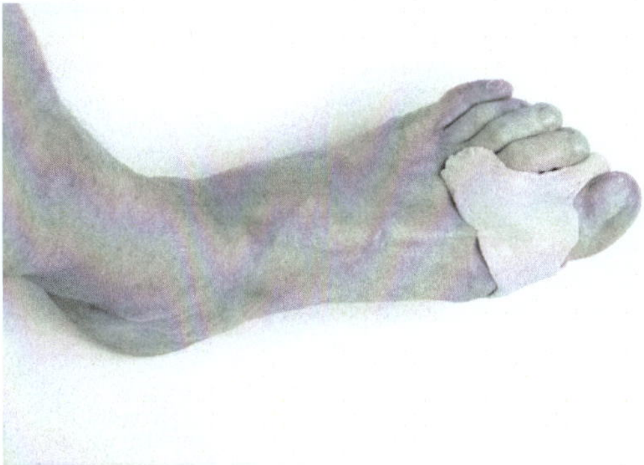

Bild 18

Üben der Spreizfähigkeit mit Hilfsmitteln, am besten aber mit der eigenen Beweglichkeit

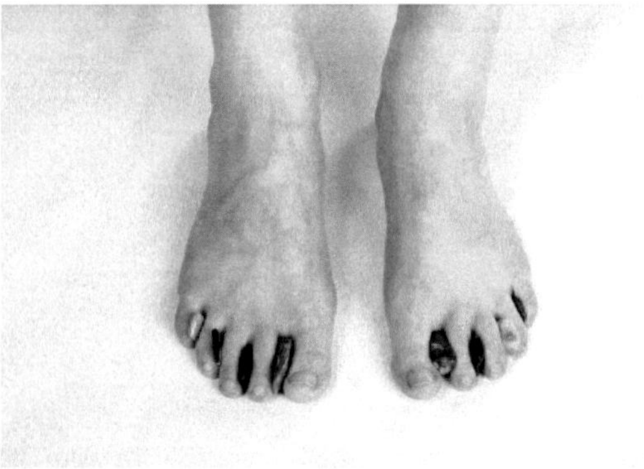

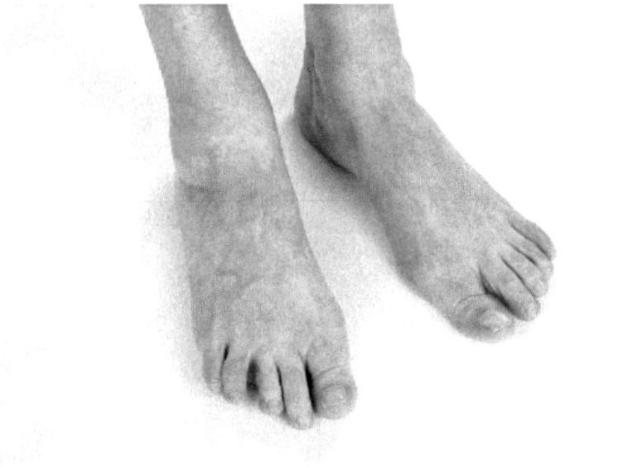

Zehensocken fördern die Beweglichkeit und das „Zehenspitzengefühl“

Die Funktion des Fußrollers

Ein Fußroller, wie in den Abbildungen oben zu sehen, bringt wieder Bewegung in das Muskelgleichgewicht und die Spreizfähigkeit. Zusätzlich sollte eine Orthose angefertigt und täglich getragen werden, damit das Zehengroßgrundgelenk bewegt wird.

Taulaufen

Hilfreich ist auch das Balancieren auf einem dicken Seil, am besten geeignet ist dafür ein Stück Schiffstau, das auf dem Boden liegt.

Die Bedeutung der Gelenke

Die Gelenke stehen für Richtungsänderungen – oft kommt es vor, dass jemand beim Alten stehen bleibt.

Knie stehen für Ego und Stolz

Knieprobleme deuten auf Sturheit hin; man ist unbeugsam gegen sich und andere, hat Angst vor Flexibilität und möchte sich auch nicht in die Knie zwingen lassen. Überforderung und Fehleinschätzung der eigenen Kräfte kann auch zu Knieproblemen führen.

Gelenke allgemein

Ein Gelenk ist die bewegliche Verbindung zwischen zwei oder mehreren Knochen, die mit einander entsprechenden, überknorpelten Flächen aneinanderstoßen, durch Bänder und die Kapsel zusammengehalten werden. Außer diesen beweglichen Knochenverbindungen gibt es auch solche, bei denen die Knochen durch eine Zwischenmasse fest und unbeweglich miteinander verbunden sind. Dies ist beim Schädelknochen der Fall. Ein Mittelding bilden solche Knochenverbindungen, bei denen überknorpelte Flächen durch einen sehr starken Bandapparat fest zusammengehalten werden, der die Bewegungsmöglichkeit auf ein Minimum beschränkt.

Es ist immer wieder ein Wunder, wie alles in uns funktioniert. Dafür will der Körper, dass wir von innen heraus mit Dankbarkeit in Gedanken und Gefühlen leben. Die angelegten Funktionen der Beweglichkeit sollten tagtäglich in Bewegung gebracht werden. Mit den angelegten beweglichen Funktionen meine ich: den Gehvorgang in die Verbindung mit dem Sprung-Gelenk, Hüftgelenk, Schultergelenk zu bringen, die Zehenbeweglichkeit mit der Spreizfähigkeit zu üben, um eine optimale Versorgung für den Körper bzw. Gelenke und Muskeln zu haben.

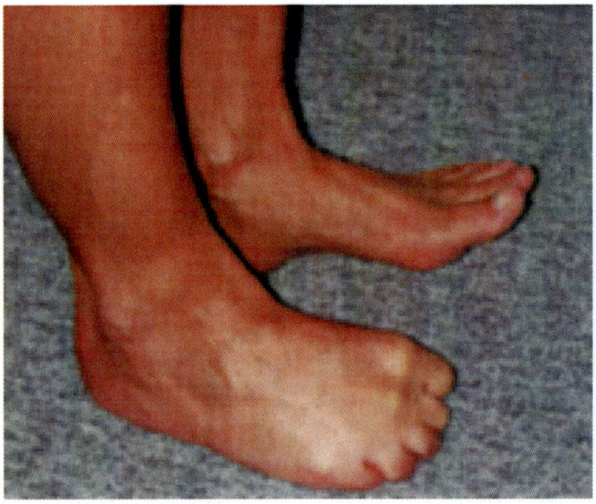

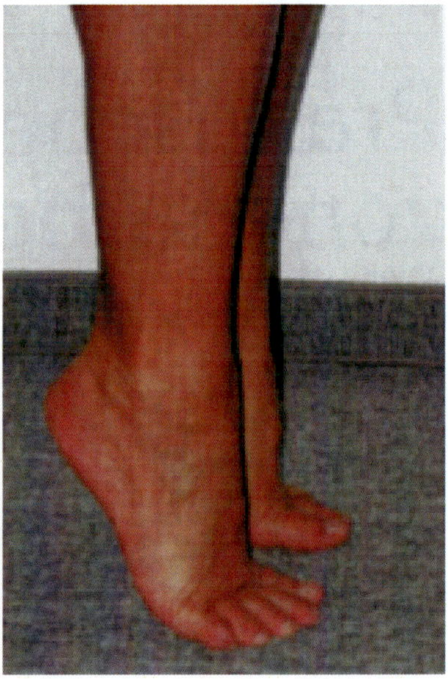

Unterschied der Füße männlich/weiblich

Der männliche Fuß

- ist größer und hat die größere Motorik
- hat größere Zehen
- hat feste Nägel
- hat eine kräftige Ferse
- ist sehniger am Ballen der großen Zehe (Seele)
- hat kräftigere Zehengelenke.
- Grundlage: Kraft und Aktivität.

Der weibliche Fuß

- ist schmaler, zarter, weicher
- ist kleiner, unter anderem an der Ferse
- hat sensiblere Grundlagen
- hat eine gemütvollere Tendenz (Ballen)
- tritt oft in die Selbstvergessenheit beim Gang
- hat meistens eine größere Ästhetik

Männer denken bekanntlich anders als Frauen. Bei den meisten Männern ist das Verstandesdenken und damit die Eigenkraft der Gedanken stärker, deshalb bilden sich Hornhaut, Hühneraugen, Hallux valgus und andere Deformationen nicht so schnell.

Bei Frauen geht die Wahrnehmung und Empfindung mehr über das Feingefühl, deshalb bilden sich diese Merkmale hier eher. Hornhaut steht immer für Schutz. Es ist gut, wenn das Schutzbedürfnis und das Zugehörigkeitsgefühl angeschaut wird.

Der Gehvorgang

Wissen Sie, wo der Gehvorgang beginnt?

Sie können es alle sehen, wenn Sie Ihren Schuh ansehen. Richtig ist, wenn die Schuhsohle hinten außen an den Absätzen ganz lecht abgelaufen ist. Bei wem es nicht so ist, der braucht orthopädische Hilfe. In meinen Seminaren zeige ich, wie der Fuß abrollt und sich am großen Zeh abstößt. Ein besonderes Kennzeichen des Menschenfußes ist seine Befähigung zur Torsion (Drehung) bei der Abwicklung zum Schritt, zum Lauf und zum Sprung. Sie vollzieht sich unter voller Belastung der Ferse und des Großzehenballens bei nur flüchtiger Belastung des Außenrandes und des Außenballens.

Bei einer physiognomischen Fußanalyse dürfen die Bewegungen der Beine und das Gehen nicht vergessen werden. Das Schreiten wurde von Rudolf Steiner[3] einer besonderen Untersuchung unterzogen. Seine Darstellung des dreiteiligen Schreitens bietet eine wertvolle Grundlage.

Die Partien der Füße gehören gestaltlich in einer Dreierordnung zueinander. Auch im Gang sind drei Akte zu unterscheiden. Stellen Sie sich einen stehenden Menschen vor und verfolgen Sie stückweise, was er tut, um vorwärts zu kommen.

Zuerst wird die Ferse vom Boden gelöst. Dabei überträgt sich ein Teil des Körpergewichts von hinten nach vorn auf den Ballen der großen Zehe. Hier rollt nun der Fuß noch ein kleines Stück

3) Rudolf Steiner Eurythmie

vorwärts, bis die etwas dickliche Kuppe der großen Zehe erreicht ist. Diese in sich ebenfalls dreifache Tätigkeit kann als der erste Akt der Gehbewegung bezeichnet werden.

Der zweite Akt nimmt seinen Anfang, sobald sich sowohl die Spitze der großen Zehe, wie auch die übrigen Zehen von ihrer Unterlage abheben. Nun beschreibt der Fuß in der Luft einen mehr oder weniger flachen Bogen, der zu Ende kommt, sobald die große Zehe den Boden wieder berührt. Bei dieser Bewegung entlastet sich der schreitende Fuß völlig von der Schwere des Leibes.

Der dritte Akt beginnt mit dem erneuten Aufsetzen der Zehen auf den Boden, wobei die Hauptarbeit der großen Zehe zufällt. Dann erfolgt das Ausruhen auf dem Ballen und ein Zurückrollen zur Ferse. Was sich im ersten Akt von hinten nach vorne abspielte, vollzieht sich im dritten rückläufig, auch in einer an sich dreifachen Bewegung. Und dadurch entsteht die dreifache Bewegung Torsion – Drehung im Sprunggelenk.

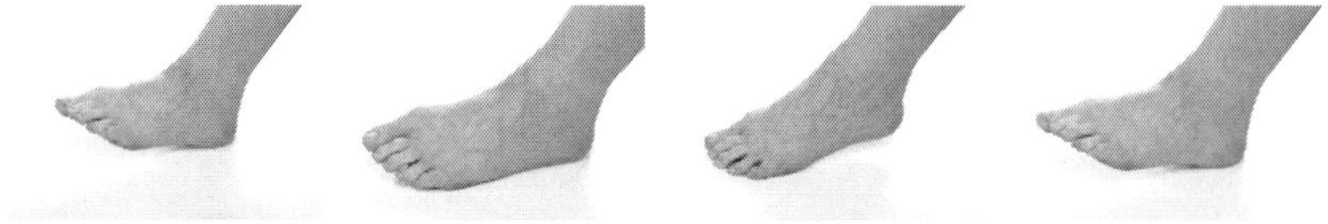

Es ist beim Schreiten darauf zu achten, wie sich das Körpergewicht auf diese 3 Akte verlagert.

Der Anhub liegt klar im 1. Akt des Gehens, nämlich in der Ferse, weil die darin liegende Kraft vom Willen des Körpers ausgeht. Die Fußsohle ist unser Fundament. Maßgebend für den Gang außer der Ferse ist daher die Sohle, das Fundament des Körpers.

Durch die Ferse wird die Kraft des Willens gelebt, durch die große Zehe werden die Gedanken in das Gefühlselement über den Ballen geführt. Obwohl das Gehen unter dem Einfluss des Willens geschieht, spiegeln sich darin bestimmte Seelenvorgänge. Diese Seelenvorgänge tauchen in den Willen des Wollens unter, und werden damit mit dem Willen eingeordnet.

Durch dieses „dreigliedrige Schreiten", welches dem idealen und gesunden Gehen entspricht, könnten bei Kindern und Erwachsenen viele krankhafte Zustände geheilt werden.

Gehen und Denken

Für das Denken ist es von großer Wichtigkeit, wie wir gehen. Das Gehirn und dessen Denkkräfte werden auf diese Weise angeregt. Durch diese 3-Akt-Bewegung werden die Organe – Gehirn und Rückenmarkflüssigkeit – schwimmend gehalten, und je nach Schritt/Auftreten versorgt. Der zweite Akt des Gehvorgangs ruft für die Gehirnkräfte und die schwimmende Rückenmarkflüssigkeit die in der Eurythmie bekannten Heilkräfte hervor.

Unser Denken wird durch die Beintätigkeit beeinflusst und angeregt. Dies macht verständlich, dass manche Denker ihre Gedanken am besten finden und sammeln, wenn sie stundenlang dahinschreiten.

Jacob Grimm sei hier exemplarisch erwähnt, der dies ausreichend bis ins hohe Alter tat. In Griechenland gibt es besondere Philosophenschulen, die im Herumgehen lehren, zum Beispiel nach Aristoteles.

Ferse – Kopf

Der Kopf ist dem Kosmos zugestellt, die Füße der Erdverbundenheit.

Die Rundungen des Kopfes werden vom Kosmos geführt und die Gedanken werden demnach auch empfangen.

Die großen Gedanken kommen aus den Rundungen, werden von der himmlischen Welt aufgenommen.

Wenn der Mensch nachdenkt, ruht das Haupt weitgehend in Stille. Betätigt sich aber der Wille, kommt man aus der Ruhe in die Bewegung, und das betrifft auch entsprechende Organe, welche die Füße anregen und umgekehrt.

Der Ausgangspunkt des Wollens in den unteren Gliedmaßen des Menschen ist die Ferse.

Hier greift die Kraft des ICH's ein; am besten zu beobachten am Beispiel eines Cholerikers:

Er behauptet sich, durch seine Aufregung kommt er schneller in die körperliche Hitze, alles durchströmt ihn, und seine Seele befreit sich von allen Temperamenten am schnellsten wieder. Wenn ein Mensch einen Wutanfall bekommt, wird er sich immer über die Ferse abstoßen bzw. aufstoßen, der Wille tritt in Kraft - sich durchsetzen wollen. Dies würde niemals über das Wollen (große Zehe und Ballen) durchführbar sein.

Gang und Charakter

Der Charakter, welcher sich im menschlichen Gang ausdrückt, ist der Rhythmus einer erlebten Materie, die wir körperlich und geistig verarbeitet haben. Unser Gang wird zeigen, wie wir das gemacht haben, und wie wir damit fertig geworden sind.

Ein Loblied auf die Füße

Fuß, der geregelt und gemessen schreitet,
Fuß, der dem anderen folgt und ihn begleitet,
Fuß, ohne den der Leib gefangen ist.
Fuß, der den Körper braucht zu jeder Frist.

Die Temperamente und ihr Gang

Hippokrates, Arzt und wichtiger Begründer der naturwissenschaftlichen Medizin, befürwortete die Astrologie und die Physiognomik als ergänzende Sachfächer für seine Studenten. Er ordnete die verschiedenen Verhaltensstile der Menschen den vier Elementen Luft, Feuer, Wasser, Erde und den Körpersäften zu. Basierend auf der von Hippokrates begründeten Temperamentenlehre, die noch heute zum Allgemeinwissen gehört, können die Temperamente auch am Gang zugeordnet werden.

Cholerisch (Parvenü)

- unternehmend
- selbstverständliches Überlegenheitsgefühl
- hartes Auftreten
- selbstbewusst, aufrecht

Melancholisch

- gebeugt, wehmütig, sorgenvoll
- wirkt sympathisch
- alte Menschen
- Schulter hängen nach vorne

Phlegmatisch

- gleichmäßig
- tritt schwerer auf
- mit sich selbst beschäftigt
- Bauern, Seeleute, Handwerker

Sanguinisch

- leicht

- stolpert gern
- lockere Bewegungen
- beschwingt

Im Idealfall sind die vier Temperamente täglich in jedem Menschen harmonisch vorhanden. Ein bis zwei Temperamente können je nach Tageszeit und Naturell überwiegen.

Tänze

Auch Tanzen kann gut für die Füße sein. Einige Tänze der verschiedenen Grundrichtungen sind hier beschrieben.

Kosaken-Tanz

Wo die Ferse am meisten den Boden berührt, bzw. damit aufgestampft wird, wird der Rhythmus zum Willens-ICH gefördert. Kampf ist angesagt - Durchsetzung der eigenen Person. Durch die Hockestellung nähert man sich schon rein räumlich sehr dem Boden. Dadurch ist der Mensch den Erdenkräften mehr ausgesetzt.

Schuhplattler-Tänze – Tirol und Bayern

Bei Gebirgsvölkern – das sind ohnehin schon starke Naturen, wird ebenfalls durch das starke Auftreten der Ferse der Wille und die bodenständige Kraft gefördert.

Das Leben in den Bergen erzieht die Menschen zur Überwindung der harten Erde. Sie stehen in enger Beziehung zur Erde und wollen ja in den Boden fühlen und sind mit ihrem Wesen fest verbunden – heimatverbunden – starke Anziehungskraft durch die Erdenkraft.

Das Abstoßen der Ferse hat mit Selbstbehauptung zu tun. Vom erzieherischen Standpunkt her wäre es wichtig, dass man kleine Kinder jene Volkstänze nicht mitmachen lässt, sondern erst ab

12 -14 Jahren – denn das Willenhafte wird zu stark gefördert. Das viele Aufstampfen ist nicht geeignet für das Kind und sollte vermieden werden, um die Entwicklungen nicht zu stören. Durch das viele Aufstampfen werden diese Kinder zu früh reif. Die Kräfte werden mehr dem körperlichen Willen gewidmet.

Walzer – Rumba – Samba – Salsa – Twist – Rock'n Roll

Der Walzer

Der Walzer erfüllt eine einzigartige, dreigliedrige Bewegung - Körper - Geist - Seele - der Einklang zur Harmonie ist gegeben. Das dreigliedrige Schreiten wird erfüllt. Der Dreivierteltakt kann sich in das Wesen des Menschen sehr gut einfügen. Linke und rechte Seite werden gelebt. Die Dreierteilung des Auftretens der Ferse – das Abstoßen über die große Zehe (Gedankenkräfte werden optimal angeregt) und das Zurückführen über den Ballen – die Seelenkräfte des Wollens werden ausgeglichen.

Das ‚Schweben' durch den ganzen Saal bringt das Gedankengut sowie das Wollen und den Willen in Gleichklang. Der Körperzustand geht in Harmonie über. Auch dürfen wir nicht vergessen, dass der Walzer seine Daseinsberechtigung hat, er ist das Grundelement der Musik, weil hier durch Melodie, Rhythmus und Harmonie die Seelenregionen Denken – Fühlen – Wollen in Einklang kommen.

Sehen wir uns die Strauß-Familie mit ihrem Denken und ihrem Erfindergeist an, welche die Walzer-Musik ins Leben gerufen hat – durch den Dreivierteltakt fügt sich die Seele gerne ein, da ja die Seele selbst dreigliedrig ist.

Man sieht deutlich den Unterschied, wie sich der Mensch durch den Rhythmus der Rock- und Popmusik entwickelt und wie sich die Menschen im Seelischen verändern. Durch das einfache Stampfen ist die Harmonie nicht mehr in dem Maße möglich oder gegeben.

Beim Walzer spielt sich alles in einer ausgeglichenen Form ab. Der Verstand und die Gefühle zum Körper geben eine Einheit. Durch den Dreivierteltakt der Musik (Johann Strauß) kommt die Seele in Schwung, die Gedanken werden gut geführt – und die Körperkraft tritt wohlwollend in ihr Element durch die Gleichmäßigkeit der Bewegung.

Bei Rumba, Samba und Salsa ...

... ist der Vorgang ähnlich, nur dass sich noch mehr Rhythmus, Temperament und Schnelligkeit in den Beinen abspielt.

Bei Twist und Rock'n Roll ...

... ist der Vorfuß mehr gefordert

Durch diese Bewegungen behalten wir das am besten im Gedächtnis, was wir über das Gefühl erleben. Sozusagen das, was wir lieben, bleibt uns erhalten. Allein vom Verstand her ist es nicht möglich, diese Energie für Körper, Muskeln und Zellen in Gesundheit fließen zu lassen. Reine, kühle und willensbetonte Verstandesmenschen bekommen eher Probleme mit den Muskeln als feinfühlige, gefühlsbetonte Menschen, bei denen das gefühlsmäßige vorherrscht.

Die ethischen Kräfte sollten viel mehr gefordert sein, um das Gefühl mit dem Denken – und das Denken mit dem Fühlen und mit dem Körper in Einklang zu bringen.

Wenn das Gedachte nicht gefühlt werden kann und das Gefühlte nicht in die Denkkräfte einfließt, kann es nicht zum ganzheitlichen körperlichen Gefühl – der Zufriedenheit – kommen. Muskeln, besonders an den Füßen, können sich nicht entfalten. Wer noch andere Sportarten betreibt, bei denen die Eurythmie so stimmt wie bei den Tänzen (Walzer) und beim Gehen, dem wird auch der Gehvorgang bewusst.

Ballett

Bis zum Alter von ca. 12 Jahren wird Ballett ohne den Spitzentanz geübt und ist der Gesundheit und der Körperhaltung förderlich. Der Spitzentanz ist jedoch, was die Fußgesundheit angeht, nur eingeschränkt zu empfehlen. Er soll die leichten, graziösen Bewegungen von Elfen nachstellen. Dabei wird eine Fußhaltung nachgeahmt, die kaum mit dem Boden in Berührung kommt.

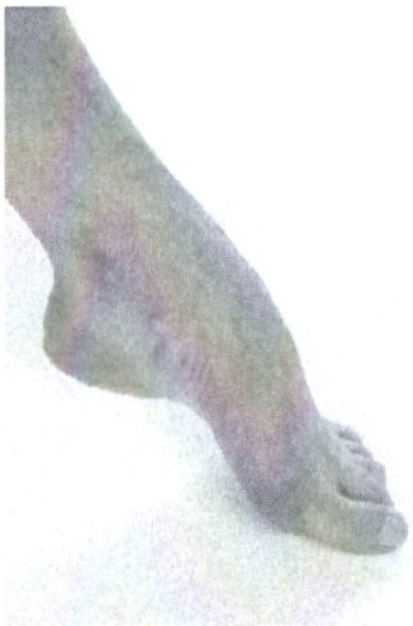

Der minimale Bodenkontakt bedeutet für die Füße eine maximale Belastung. Denn das Körpergewicht muss dennoch getragen werden – hier von den Zehenspitzen – sind die Belastungen leicht nachvollziehbar, denen sich Menschen in diesem Beruf Tag für Tag aussetzen. Selbst wenn nur auf dem Ballen gestanden wird, führt dies auf Dauer zu einem Ungleichgewicht und einer Überbelastung für den Geist, der mit diesem Fußbereich in Zusammenhang steht. Das nachgestellte „Schweben" über dem Boden geht auf Kosten des Quergewölbes und der Zehen. Bei vorhandenen seelischen Ursachen kann dies die Entstehung eines Spreizfußes mit Hallux valgus negativ beeinflussen.

Im Gegensatz zum Ballett haben Übende im Yoga eine Belastung der ganzen Füße von den Fersen bis zu den Zehen, so wie in der „Berghaltung", siehe Bild links.

Gewisse Yogaübungen haben einen guten Effekt, wenn bewusst und vor allem in Maßen geübt wird, zumal die Füße bei den meisten Haltungen nach oben zeigen und während dessen, wenn auch so gewollt, eben kein Bodenkontakt besteht.

Von vielen konnte ich erfahren, dass sie beim Gebet mehr Bewusstsein erfahren und weniger abschweifen als bei der Meditation. Als weiterführende Literatur hierzu sei an dieser Stelle Rudolf Passian „Licht- und Schattenseiten der Esoterik" empfohlen.

Radfahren – Sport oder Transportmittel

Es wird im Allgemeinen wenig darauf geachtet oder ist nicht mehr bekannt, dass Kinder unter 12 Jahren das Fahrrad meiden sollten. Da dies aber bereits allgemein üblich ist, sollte das Radfahren zumindest in diesem Alter auf ein Minimum reduziert bleiben.

Das Radfahren in gesundem Maß fördert den Gleichgewichtssinn und die Fantasie. Zu früh und übertrieben führt es bei jungen Menschen zur Träumerei, der Erdkontakt ist nicht mehr gegeben, und zur Vergröberung. Dies erklärt sich wie folgt:

Für die Physiognomik der Füße spielt die Fußsohle eine besondere Rolle. Es ist immer wieder entscheidend, wie die Sohle auf dem Boden aufliegt. In jedem Zusammenspiel ist beim Gehen das Wollen im Vordergrund. Im Gehen wird der Wille gefordert, muss sich mit dem Wollen auseinander setzen. Das Bewusstseinsdenken wird gefördert. Auch das Temperament ist für den Gang ausschlaggebend. Bei jedem Schritt gibt es ein Zusammenspiel des Körpers, in dem die Herzempfindung den Rhythmus bestimmt. Dies ist beim Radfahren ein anderer Mechanismus.

Wenn schon mit 3 Jahren das Radfahren beginnt, so ist dies kein Vorteil für den Körper, denn hier ist die Bewegung vorgegeben. Der Gang aber, der für jeden einzelnen Menschen eigentümlich ist, passt sich seiner individuellen leiblichen Beschaffenheit an. Schon das Temperament beeinflusst sehr stark die Art und Weise, wie jeder Schritt getan wird.

Auf dem Rad handelt es sich vor allem um einen Stoß oder Druck, der hauptsächlich mit dem Ballen der großen Zehe nach unten ausgeführt wird. Der Stoß überträgt sich auf den Mechanismus des Rades und verursacht eine drehende Bewegung der Füße. Dies geschieht für den Fahrer nur passiv. Aktiv ist es nur der Druck auf dem Fuß. Wobei nur ein Fuß den Druck ausübt. Meist ist der rechte Fuß stärker an dieser Arbeit beteiligt. Der Ballen wird am meisten gestärkt und gefordert. Bei dieser Fortbewegung auf dem Rad fallen viele Einflüsse, die der Mensch sonst beim Gehen empfängt und der Seele einverleiben kann, vollkommen aus. Es bleibt nur der Druck mit dem Zehenballen nach vorne.
Durch das zu frühe und ständige Radfahren wird das richtige Gehen nicht gefördert. Die in einem natürlichen Bewegungsablauf eingebetteten Gedankenkräfte kommen nicht gut zur Entfal-

tung, da durch das Fahren, ob Auto oder Fahrrad, die Fantasie mehr angeregt wird. Im Bewegungsablauf wiederum wird alles auf den einfachen Stoß nach unten beschränkt, das übrige geht von selbst, nämlich durch die Maschine - ohne den Menschen vor sich. Sie nimmt uns durch das Fahren die Arbeit ab.

Mit welchen Auswirkungen sich das viele Radfahren doch auf das Seelenleben niederlegt – im Fühlen wird das zarte Gemüthafte, das gerade in der Atmung lebt und in der Beweglichkeit erhalten bleibt, durch das viele Radfahren ausgelöscht. Das Wollen, das wir beim Gehen im Dreiklang erleben, wird am meisten in Anspruch genommen. Die Ferse, durch die alle Kraft unseres Wesens im Wandern oder Gehen eingesetzt wird, bleibt auf dem Rad unbeteiligt. Durch die Überbeanspruchung des Ballens verhärtet sich der Gefühlsausdruck. Eine Vergröberung im Gefühlsleben kann sich entwickeln, ja sogar bis zur Rohheit, Teilnahmslosigkeit ausweiten, je nach Naturell und Anlage. Auch Trägheit und Faulheit, die sich auf allen Gebieten zeigen mag.

Es ist nicht nur die Seele, die verkümmert, sondern auch der Körper - Atmung - Lunge - Herz - Muskulatur - Stauungen an den Bauchmuskeln bei langem Fahren. Bei Mädchen kann dies zu mehr Beschwerden bei der Periode führen.

Wir leben momentan in einer Zeit, in der Bewegung nicht besonders gefragt ist. Die Füße und das Gehen werden sehr vernachlässigt. Schuhe sind mehr für das Äußere wichtig oder es werden, wie bereits erwähnt, überwiegend Sportschuhe getragen. Das Barfußlaufen, das wohl am gesündesten wäre, wird fast nicht mehr gepflegt. Die Herzkranzgefäße erkranken schneller. Das Herz sehnt sich nach fließender Hitze/Wärme, was nur im Gehen und mit wohlwollenden Gedanken am meisten gefördert wird. Das Urvertrauen und der Glaube an sich und an die eigenen Herzempfindungen müssten mehr bewusst werden.

Zehenlesen

Die sichtbar gewordene Kraft der eigenen Gedanken.
Ich beschreibe ein paar Eigenschaften und körperliche Entsprechungen von vielen Möglichkeiten. Jeder Mensch ist so individuell und einzigartig, dass bei jeder Analyse andere Zusammenhänge da sind.

Psycho-Physio-Gnomik der Füße

Lebens-Weg

Denken und Fühlen zeigen sich an unseren Zehen, Füßen und Gang.

Die Füße lassen den menschlichen Willen erkennen.
Die Zehen zeigen die Wesensart.
Unsere Organe spiegeln sich in unseren Füßen.

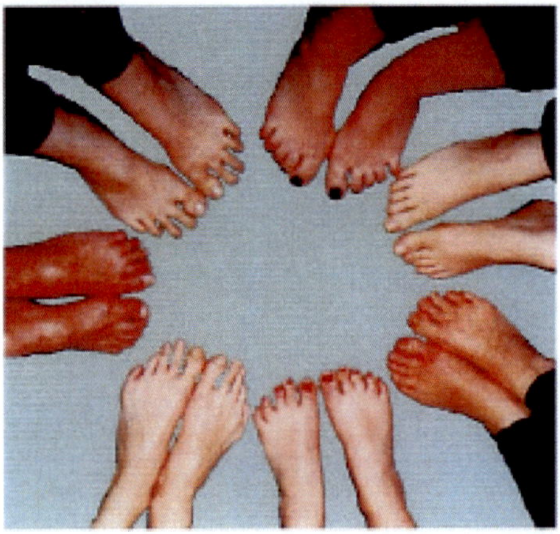

Ein Fuß-Test und eine kompetente Fuß-Analyse sind die Grundlage für eine positive Beeinflussung von Deformationen und krankhaften Veränderungen ("Zehen lesen").
Wir hören leider oft viel zu spät auf die Signale unserer Füße. Fuß-Gymnastik, Fuß-Pflege und Fuß-Massage sind wichtiger, als wir vermuten!

Der beste Weg zur Gesundheit ist der Fußweg!

Mit jedem Zeh, den ich erforschte, kamen mehr Menschen mit ihren deformierten und schmerzverbunden Zehen und den damit in Verbindung stehenden Themen zu mir.

Nach meinen Beobachtungen können die 5 Zehen mit den Fingern der Hand gleichgesehen werden:

- Der Daumen entspricht dem großen Zeh – Intelligenz
- Der Zeigefinger entspricht dem zweiten Zeh – Willenszeh
- Der Mittelfinger entspricht dem dritten Zeh – Zuhause- und Nachdenkzeh
- Der Ringfinger entspricht dem vierten Zeh – Herkunfts- und Ringzeh
- Der kleine Finger entspricht dem fünften Zeh – Liebeszeh

Zusammenfassung und erste Beobachtungen

1. Zeh/Großzeh

Hier hatte ich Klienten, bei denen wegen ihrer zu sehr zum Festhalten neigenden Persönlichkeitsstruktur der Zehennagel eingewachsen war, sich Rillen gebildet hatten, oder welche sich ständig Verletzungen am großen Zeh zuzogen.

2. Zeh

Wenn der Wille mehr gelebt wird und Wahrnehmungen nicht beachtet werden, gehen die Wahrnehmungen zurück. Erfolge, die mit einer feinen Wahrnehmung und deren Beachtung möglich gewesen wären, stellten sich nicht ein. Verdrehungen bildeten sich am Zeh, es bildete sich Hornhaut und/oder es gab Veränderungen am Nagel.

3. Zeh

Hier ging es um Themen von Unterordnungen, Trennungen, das Verlassen von Freunden, oder das Zuhause stimmte nicht mehr, eine bestimmte Opferrolle klappte nicht mehr, der Selbstwert war in Frage gestellt. Das führte beispielsweise zu Schmerzen an den Zehen und/oder Hornhaut, oder der Zeh wurde schief und schob sich unter den anderen Zeh - ein Hinweis auf das Thema Anlehnung.

4. Zeh

Scheidungen, Streit, Verluste im Freundes- und Familienkreis. Es gab kaum jemanden mit einem geraden 4. Zeh. Die Ausbildung zum Familienaufstellen und die darauf folgende Erfahrung in meiner Praxis bestätigten mir den 4. Zeh als Herkunftszeh im Zusammenhang mit den dort bestehenden Deformationen.

5. Zeh

Die Liebe, der wertschätzende Umgang mit sich selbst, das Vertrauen; man könnte diesen Zeh sogar Glücks- oder Unglückszeh nennen. Ich bekam kaum einen Klienten mit einem schönen kleinen Zeh, etwas war bei jedem. Die meisten hatten kaum oder gar keinen Nagel. Hornhaut, Hühneraugen und Rötungen standen an der Tagesordnung.

Die Zehen im Detail

Die Zehen werden in Bezug auf die rechte und linke Seite verschieden gedeutet. Die rechte Seite steht für das äußere/männliche Denken und für die Vaterseite. Die linke Seite steht für das innere/weibliche Denken und für die Mutterseite. Vieles liegt an der Form, ob eckig =Durchsetzungskraft oder rund=Diplomatie, an der Hautstruktur (fein=harmonisch, grob=ungeschützt), ob Verfärbungen da sind, (rötlich=Spannung/Wut; gelblich=Belastungen; bräunlich=Verletzungen/Narben), sind die Zehen dünn (wenig Kraft, mehr Eleganz) oder dick (praktisch/kräftig), sind Tropfen an den Zehenenden, stimmt das Verhältnis der Zehenlänge zum Fuß? Alle diese Kriterien zusammen mit den jeweiligen Bedeutungen des Zehs, die in diesem Kapitel beschrieben sind, ergeben die Analyseergebnisse.

Der große Zeh

Der große Zeh ist zu vergleichen mit dem Daumen und der Kopfform bis zum Oberkopf und lässt auf die Gedankenqualität schließen. Er steht auch in Verbindung mit dem Gesicht. Dort steht er mit dem Mund in einem gemeinsamen Bezug.

Eigenschaften am großen Zeh

Denkkräfte der Intelligenz, Persönlichkeit, Macht, Kummer, Freude, Träume, Fantasie, Sprache, Glaube

Körperliche Entsprechungen: Hypophyse, Großhirn, Kleinhirn, Schläfe.

Am großen Zeh ist die persönliche Stärke zu erkennen. Zeugungspunkt ist an der Nagel-Wurzel des großen Zehs. Harmonie ist, wenn alle Zehen in direktem Kontakt zu einander stehen und der große Zeh fast gleich lang ist wie die zweite Zehe. Die Energie fließt dann harmonisch, und die Gedanken verbinden sich mit dem Gefühl.

Kurzer Großzeh

Das Bedürfnis der Gedankenkraft, sich zu äußern, tritt hier zurück. Dies führt einerseits zu Bescheidenheit und Anpassungsfähigkeit. Im Märchen ergibt es das Bild Aschenputtels, die sich in ihre Situation fügte, und deren Fuß in den kleinen Schuh passte. Das Verhalten wird mehr vom Willen geführt. Ist dann der zweite Zeh viel länger, kann es auch vorkommen, dass ohne Nachdenken gehandelt wird.

Langer Großzeh

Gedankenkräfte wollen sich nach außen manifestieren - Intelligenz wird gelebt; der Handlungswille tritt zurück – Bedürfnisse, Gedanken werden festgehalten. Wissen wird angesammelt.

Der große überragende Großzeh

Menschen mit dieser Eigenschaft haben die Gabe zum Führen und Reden. Ein übergroßer Großzeh steht für den äußeren Gedankenwillen – Wissen, Macht – und verdeutlicht die Eignung für eine Führungsposition und die Selbständigkeit, wobei es nicht unbedingt sein muss, dass diese Persönlichkeit ein eigenes Geschäft führt, sondern es bedeutet, dass sie in sich selbständig handelt, Freiraum braucht, unabhängig sein will. Ein Angestelltenverhältnis sollte hier mit Verantwortung und persönlichem Freiraum verbunden sein.

Damit geht auch ein großes Mitteilungsbedürfnis einher. Ist die Zehenkuppe zu dem noch eckig, etwas rundlich und füllig, ist viel Wissen vorhanden und will mitgeteilt werden. Das sind für mich immer Überraschungen im Zusammenhang mit der Physiognomie – mit einem kleinen Mund und einem übergroßen Großzeh, der zum Ausdruck bringt, dass diese Persönlichkeit mehr Kraft zum Sprechen hat, als der kleine Mund zum Ausdruck bringt. Die Energie der Sprache bleibt im großen Zeh und will mitteilen, was der große Zeh angesammelt, ‚gespeichert' hat.

Persönlichkeiten mit einem kleinen Mund (man beachte auch die Lippenform) können sich mehr zurückziehen und führen dann Gespräche, wenn sie wirklich etwas zu sagen haben. Mit einem übergroßen Großzeh sieht das etwas anders aus, so dass jemand mit einem an sich schmalen, aber doch in die Breite gehenden Mund redseliger ist. Die Form des Mundes kann mit der Form des großen Zehs sehr gut im Zusammenhang angeschaut werden. Zum Beispiel beim Zusammenspiel von schmalen Lippen, einer Mundform, die etwas in die Breite geht und einer mehr spitz zulaufenden großen Zehenkuppe: Dieser Mensch bringt es schneller auf den Punkt, ohne große Wortwahl.

Im Märchen von Aschenputtel hatte die Stiefschwester einen großen Zeh, wollte die Macht und strebte das äußere Denken an, in der Form, dass sie die schönen Kleider haben wollte. Es war ihr neidischer Wunsch, auch das Schöne zu besitzen. Sie passte durch den großen Zeh nicht in den Schuh.

ALLE NEIGUNGEN KÖNNEN VON DER PERSÖNLICHKEIT BEWUSST GEBÄNDIGT WERDEN.

Das Interesse dafür, dieses alles wissen zu wollen, ist schon eine Voraussetzung für einen guten Umgang damit. Der Unwissende kann weniger an sich arbeiten als der Wissende.

Zwischenraum großer Zeh – zweiter Zeh

Befindet sich eine Lücke im Zwischenraum der ersten beiden Zehen, fließt die Energie hier nicht regelmäßig, da die Energie sich in der Lücke staut. Entscheidungen werden zurückgestellt, die Entschlusskraft entweder sofort oder auf lange Zeit vermindert. Diese Menschen lassen nicht gerne an ihren Gedanken und Empfindungen teilhaben.

Großer Zeh rund und etwas kürzer als die übrigen Zehen

Diese Formung zeigt, dass die Gedankenkraft sich in das Gefühlsleben einbringt. Die Harmonie von Sprache und Ausdruck ist im Einklang mit der Energie des Denkens und Fühlens. Bescheidenheit geht vor Angabe.

Abgerundete Seiten weisen auf taktvolles Benehmen hin.

Großer Zeh rund und fleischig

Das Genussleben herrscht vor. Ruhe und Gemütlichkeit auch in der Sprache braucht dieser Mensch.

Großer Zeh rechteckig

Diese Form weist auf einen starken sprachlichen, aber rohen Ausdruck hin, ohne Feinheit in der Wortwahl. Man benutzt gerne Modeausdrücke – Sprüche klopfen ist angesagt. Die Persönlichkeit zeigt sich im sprachlichen Ausdruck mit einer Bandbreite der Eigenschaften von derb und unüberlegt, im Einzelfall bis hin zur List oder Schläue.

Blockförmiger Zeh

Verbissen und dominant, hier gibt's nichts zu rütteln.

Großer Zeh spitz zulaufend

Der sprachliche Ausdruck ist, wie es das Wort sagt, spitzfindig – es gibt schnelle Äußerungen, Worte können sehr scharf sein. Trifft diese Anlage bei einem Empfindungsnaturell zu, und die Strahlung der Empfindung hat sich mehr ins Graue entwickelt, ist die seelische Verletzung groß und die Worte wirken scharfzüngig. Die Energie aus dieser spitzen Form fließt blockierend in das Herzchakra.

Großer Zeh nach unten, mehr den Boden berührend

Jemand mit erdverbundenen Zehen ist mehr in der Realität und kann nicht erklären, warum er oder sie bei Themen, die außerhalb der realen Vorstellung liegen, wütend wird.

Am besten, bei diesen erdverbundenen Zehen, sprechen Sie mit den Menschen von der Materie und praktischen Gegebenheiten.

Große Zehe nach oben schauend (Traumzeh/Vorstellung)

Richtet sich der große Zeh vorne stark aufwärts, und ruht evtl. sogar nicht auf dem Boden, ist die Erdverbundenheit zurückgestellt, ein Rückzug aus der Wirklichkeit findet statt: Wunschdenken, Träumen und Phantasie sind mehr gefördert.

Das Wort Jubelzeh gefällt mir auch gut, da die Gedanken mit den Gefühlen in eine phantasievolle Begeisterung gehen. Es sind die tiefen Themen der spirituellen Welt gemeint. Wenn der Zeh längere Zeit oben bleibt, fließt die Realität vorbei. Dann ist es empfehlenswert, die Wirklichkeit wieder in Betracht zu ziehen. Ebenso sollten diese Menschen ihre Wachsamkeit schulen, um nicht ausgenutzt zu werden.

Ich konnte von vielen Klienten erfahren, deren Großzeh sich längere Zeit nicht mit der Erde verband, dass sie sich mehr mit Engeln oder im Extremfall mit Todesthemen beschäftigten. Bemerkt man ein Zucken am großen Zeh, ist das ein Hinweis darauf, dass die Gedanken in Ordnung gebracht werden sollen.

Verdickungen am großen Zeh/Tropfen unter den Zehen

Die Umsetzung fällt schwer und ist blockiert. Energie, Wissen wird nur gesammelt und staut sich fest.

Hier sind Wissen und Gefühle angesammelt, und man bringt dies nicht zum Ausdruck oder zur Anwendung. Die Fähigkeit, diesen Reichtum an Wissen und Feingefühl weiterzugeben, ist blockiert. Jahrelange Zurückhaltung führt zu einer Blockade. Das sind Menschen, die immer nochmals ein Buch lesen, ein Seminar besuchen, und dann erst meinen, jetzt bin ich soweit und kann es weitergeben. Der Zeh, oder die ‚Tropfen' am großen Zeh, werden noch dicker. Es kommt oftmals zu eingewachsenen Nägeln und Rötungen. Die Wut ist dann natürlich nicht weit entfernt.

Hornhaut am großen Zeh (siehe Kapitel „Zuordnung von Krankheiten an den Füßen und Gliedmaßen).

Ebenso gilt für alle Zehen: eingezogene Zehen weisen darauf hin, dass Äußerungen, Mitteilungen sich verzögern.

Das „Untertauchen“ eines Zehs unter einen anderen deutet auf eine Entwicklung von Bescheidenheit hin, und besagt aber auch, dass die Person das Thema, um das es geht, nicht mehr anschauen möchte. Bedenkt man, welcher Zeh es ist, so haben wir schon das Thema. Geht zum Beispiel der dritte Zeh unter den zweiten Zeh, zieht man sich vom persönlichem Einsatz zurück – am liebsten irgendwo untertauchen. Weitere Interpretationen gibt es entsprechend der weiteren Bedeutungen des dritten Zehs. Wenn das dazugehörige bedrückende Thema angesprochen wird, gibt es eine große Erleichterung für den Klienten. Das Gefühl des seelischen Drucks ist sofort erleichtert, teilweise erfolgt sogar eine Gewichtsabnahme. Druck – auch seelischer – bewirkt bei manchen Menschen Körperfülle.

Legt ein Zeh sich über den anderen Zeh, zeigt sich dadurch eine Überordnung – geschieht das beim Großzeh, übertreibt man, sieht die Entscheidung nicht mehr und setzt andere unter Druck.

Der zweite Zeh

Geistige Entsprechungen: Wille, Wollen, Gedanken, Kunstsinn, Intellekt

Körperliche Entsprechungen: Stoffwechsel, Kiefer, Augen
Der zweite Zeh ist mit dem Zeigefinger zu vergleichen. Der Zeigefinger sollte nicht länger sein als der Ringfinger, um einen harmonischen Ausgleich zu haben. Kunstsinn mit Gestaltung ist an einer feinen Form dieses Zehs zu lesen.

Bei gesund veranlagten Menschen ist der zweite Zeh charakteristisch etwas länger als der große Zeh. Der zweite Zeh steht etwa ein paar Millimeter vor.

Eigenschaften des zweiten Zehs bei harmonischer Anlage

Willenszeh, Vertrauenszeh, Wahrnehmung für die Richtung, Wünsche, Verlangen, Kunstsinn, Gestalten.

Der ‚Willenszeh' steht für Handeln, Durchsetzungskraft, Stehvermögen und Sehkraft und zeigt andererseits auch Sensibilität bzw. Unsensibilität. Er ist vorrangig zuständig für die Bodenwahrnehmung, ist ein Wunschzeh und/oder Kunstzeh. Ist der zweite Zeh viel länger als der große Zeh, steht Handeln vor Denken und ist willensbetonter.

Der Willenszeh wird von der intellektuellen Intelligenz geführt. Das Denken (Großzeh) geht hier in das Gemütvolle des zweiten Zehs über und findet den weiteren Rhythmus zu den Zehen und Fingern. Der Stoffwechsel findet hier seinen Lauf. Der Gehvorgang ist eine Wichtigkeit für die Zehenführung.

Der Wille fügt sich mit dem Wollen ein. Das Denken wird vom Willen geführt und ist im Rhythmus der Gefühlsgedanken in Harmonie. Die Kreativität kann gut gelebt werden und ein Wohlgefühl ist vorhanden.

Querlinien

Sind – durch die Willensführung des zweiten Zehs – die Belastungen zu groß, gibt es Querlinien bis hin zu knickartigen Verwachsungen an den Zehengliedern. Auch das ICH - kleiner Zeh, Selbstwert - kommt dann mit der Überforderung des Willens nicht zurecht.

Sehr langer zweiter Zeh

Hier wird alles mit dem eher kühlen Willen geführt, und der wollende, nachdenkende Wille mit den Gefühlen (Großzeh) stellt sich zurück. Das gefühlsmäßige Wollen wird also vom Verstandeswillen verdrängt. Die Kreativität kann sich nicht mehr so gut entfalten. Das sind dann Menschen, die sagen, ich habe momentan nicht so die Ideen, und die sich müde fühlen. Der zweite Zeh will und muss nämlich auch das Gefüge vom Willen zum Wollen leben. Beim überlangen zweiten Zeh gibt das ein Thema. Wer sich das bewusst macht, kann die Kreativität mit dem Fühlen trotzdem leben, TUN. Es heißt manchmal, sich zu überwinden. Solche Menschen mit dem starken Willen können ihre Gefühle nicht gut zeigen. In der Folge kommen sie in Konflikte und erfahren Ablehnungen.

Die Zehenkuppe am zweiten Zeh hat mit der Wahrnehmung zu tun

Sie fühlt den Weg, den sie geht, nimmt unbewusst mit dem Willen wahr, wie sie auf dem Boden auftreten muss. Beim Gehen, Wandern oder Laufen nimmt der zweite lange Zeh, die Beschaffenheiten des Bodens gut wahr.

Schnelligkeit

Viele Sportler, zum Beispiel Skifahrer, Bergsteiger und Läufer, die ich kenne, haben alle einen langen zweiten und dritten Zeh, um die Schnelligkeit auszuführen. Es kommt ja hierbei auf eine 100stel Sekunde an. Das gelingt mit der Wahrnehmung des zweiten Zehs.

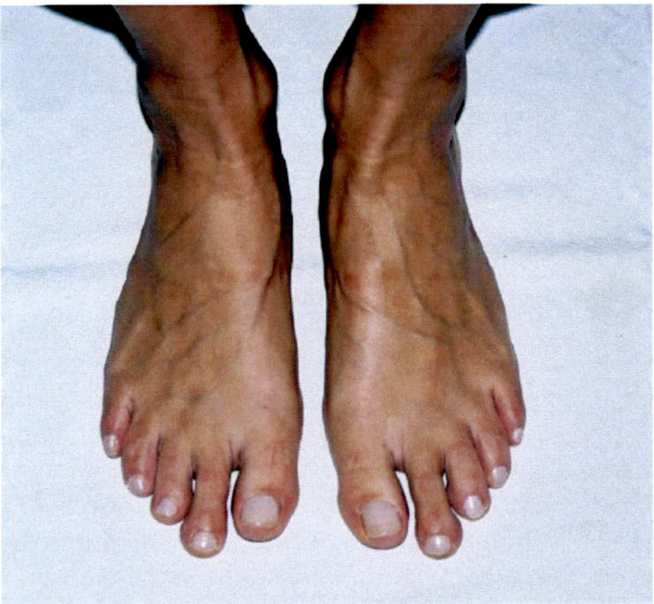

Der dritte Zeh

Der dritte Zeh steht für Gemüt, Mut, Verbindungen, Gerechtigkeit, Einsatz, Ordnung, Zuhause, Verdauen, Schönheit.

Körperliche Entsprechungen sind Augen, Niere, Nebenhöhlen, Kiefer.

Von diesem Gemütszeh und auch Zuhausezeh geht der Mut zur Umwelt aus, Äußerungen und Ausführungen, der Sinn für Gerechtigkeit, der Einsatz. Er steht für das innere Gleichgewicht. Auch Enttäuschungen finden hier ihren Ausdruck.

Der dritte Zeh steht in der Verbindung zur eigenen Mitte – bei sich selbst Zuhause sein. Der rechte dritte Zeh steht für das äußere Zuhause und der linke für das innere Zuhause. Er steht für die Verdauung und soll in zwischenmenschlichen Bereichen das Gleichgewicht halten. Er steht symbolisch für die Verbindung zu Eltern/Freunden, dem Umfeld. Der dritte Zeh hat mit Recht und Ordnung zu tun – wie wird es zuhause gelebt? Einsatzbereitschaft, Problemlösung, die eigenen Werte leben. Das was ich will, und was zu mir gehört, ist hier gefragt.

Kurzer oder eingezogener dritter Zeh

Der Rhythmus der Zirkulation ist sehr sprunghaft; diese Person ist schnell erschöpft, Unsicherheit und Ängste werden gesteigert, oft einhergehend mit Nägelkauen, Zähneknirschen, Elternablehnung. Es wäre für die Verbesserung der Vorstellung und des bewussten Denkens hilfreich, zu unterscheiden und hervorzuheben, was in der Realität erlaubt ist.

Den dritten Zeh zu bekunden, hat mich auf ganz neue Zusammenhänge gebracht. Ich bekam vor Jahren viele Klienten, wo der dritte Zeh am meisten in Mitleidenschaft gezogen war. Mit jedem Zeh, den ich forschte, kamen die Menschen mit diesen Themen gerade zu mir.

Bei all diesen Menschen ging es vor allem um den dritten (mittleren) Zeh, der die Heimat und das innere Zuhause mit seinen mehr oder weniger vollständig verarbeiteten Erfahrungen widerspiegelt. „Erst wenn heimischer Druck und Spannungen durchlebt sind, stellt sich das Wohlgefühl ein." Unter diesem Begriff verstehen wir eine Lebenssituation, die nicht verarbeitet und damit nicht abgeschlossen ist. Dadurch bekundet der Fuß und der dritte Zeh eine Veränderung in Form von starker Spannung am Mittelfuß, Hautveränderungen, Hornhaut, verdicktem Nagel. Meist sind Menschen in dieser Spannung mehr gefährdet für Verletzungen. Lebenssituationen sollten angeschaut werden, wie sie unten beschrieben sind, ansonsten bildet sich am zweiten und dritten Zeh an der Zehenkuppe Hornhaut, vor allem, wenn dazu noch die Sehkraft der Augen nachlässt. „Warum willst du nicht hinschauen und einsehen, was dich bedrückt?"

Vergangenheitsbilder mit dem Erlebten sind anzuschauen, zum Beispiel Grenzerfahrungen und anerzogene Erziehungsmuster im Kindesalter. Sonst muss es im Erwachsenen erfahren werden, was schwierige Partnerschaften ergibt. Wurden Trauer oder Trennungen erfahren? Wurde Wut auf angemessene Weise ausgelebt? Gab es genügend Streicheleinheiten, Aufmerksamkeiten der Persönlichkeiten? Wurden Talente und Anlagen anerkannt und gefördert?

Jede Spannung führt zu Veränderungen. Aus der Spannung wird das Interesse geweckt, es beginnt das Suchen nach dem, was noch nicht im Bewusstsein ist. Die Bereitschaft, sich in die eigene Gefühlswelt hinein zu fühlen und diese anzuschauen, muss gegeben sein für diese wundervolle Reise, sich selbst mit den Füßen, dem Innerlichen und Äußerlichen, ganzheitlich zu erforschen, bis ein angenehmes Glücksgefühl spürbar wird.

Mir hilft es immer wieder, wenn ich dem zustimme und sage: «Ich liebe das, was ich habe, dann brauche ich nicht zu lernen, zu lieben was ich habe.» Das gilt für alle Menschen.

Jetzt erzähle ich noch vom *Spannungsmuster:* Das Erkennen und Bekunden und alles, was ich habe, als schön zu empfinden, ist anstrengend und gibt Spannung, oder auch Spannkraft. In dieser Erkenntnisphase zeigen sich die Füße, Zehen (auch das Gesicht und die Organe) unterschiedlich. Wir konzentrieren uns auf die Füße. Folgendes kann sich dabei tun: ein Zeh ist durch die Aufmerksamkeit mehr in Spannung und zeigt eine Abweichung in Form von Röte, Härte, Nagelpilz oder ähnlichen Symptomen. Erstaunlich ist es, wenn sich ein Zeh von selbst dreht oder ein Zehennagel sich ablöst, wenn es um das Thema geht, wie oben genannt. Oder der Zeh legt sich über den anderen. Er will das Thema «übergehen», oder er will von dem Thema nichts mehr wissen und wendet sich förmlich ab.

Beim Gehen passieren plötzliche Reaktionen, wie

- größere Schritte: will also schneller vorankommen mit dem Thema,

- fester Auftritt: will es mit dem Willen beheben, was meist nicht funktioniert.

- Eine andere Möglichkeit der erneuten Verdrängung ist das Einknicken: Dieses kommt vor, wenn Unsicherheiten bestehen, oder wenn die Gedanken weiter sind als der Körper

- Der schwerfällige Gang will anerkannt sein und sagen: „Schaut auf mich, wie es mir geht.

- Noch eine interessante Beobachtung, die ich machen durfte: Wenn die Achillessehne durch die andauernde Spannung schmerzt, gibt es eine Verkürzung der Bänder. Glauben und Vertrauen sind angesagt, sonst werden die Nerven und die Materie überspannt.

- Es gibt einen Energiestau oder ein Energieloch. Energie bleibt stecken und verursacht dadurch wieder eine Blockade irgendwo. Dies zeigt sich an den Wehwehchen.

Ein wundervolles Gefühl ist das Glücksgefühl, wenn es durch den Körper fließt, d. h. es sollte spürbar über die Fußsohle sein. Viele Menschen haben eine Fußsohle wie ein Reibeisen. Ist sie heiß, brennt oder kribbelt sie ständig, so empfehle ich nachzuforschen, wo das Glücksgefühl fehlt.

Dann schauen wir uns nochmals den dritten Zeh an, wenn wir an die Vergangenheit im Zuhause denken. Ist er schlaff? Welche Spannung zeigt er? Sind diese Themen bewusst geworden, ist eine Erkenntnis mit liebender Anerkennung durchlebt. Die Energie fließt, der Zeh freut sich und die Helioda zeigt sich.

Schauen Sie sich die Kraft der Zehen an, ob diese im Verhältnis zum Fuß und zum ganzen Körper passen, damit Sie Füße und Zehen nicht überfordern. Oft sehe ich bei Empfindungs-Ernährungsnaturellen ein feines Füßchen, eben der Empfindung entsprechend. Ist beim Körperbau mit Empfindung und Ernährung das Füßchen so fein und zart, voll beseelt von Wahrnehmungen und Empfindungen, dann ist es diesem Fuß nicht möglich, eine andauernde Spannung und Überforderung der verdrängten Psyche beim Stehen und Gehen durchzuhalten. Diese Menschen erfahren massive Schmerzen und sind ständig auf der Suche nach passenden Schuhen. Die helfen dann auch nicht weiter, ebenso wenig wie allfällige Einlagen.

Der zarte Fuß braucht auch einen feinen Schuh, mit gutem Fußbett und Naturmaterialien. Viele „Sensibelchen" ziehen sich einen derben Schuh an und ebensolche Kleidung. Wie sollen sich Glücksgefühle dann finden?

Ein gepflegtes Füßchen, verbunden mit einem feinen Schühchen macht Freude und der Gang ist leicht. Der Wahrnehmung von Kopf bis Fuß sollte immer vorhanden sein.

Sie schauen sich den dritten Zeh an, bekunden und beschließen, ob die Erlebnisse, mit den Gedanken und Gefühlen der Liebe verbunden sind, denn dieser repräsentiert die Mitte, und das ist das innere und äußere *Zuhause*.

Der vierte Zeh

Dieser Zeh steht für die Gefühle – Lebensfreude (für mich deshalb auch „Leberzeh"), Schuldgefühle, Wut. Es ist der Eltern-Ahnenzeh, Herkunftszeh, Ehezeh, Hörzeh.

Er gibt als Lernzeh Hinweise für den Beruf, zeigt Anlagen für evtl. vorhandenen Kreativ-Formensinn, Gestaltsinn, Handgeschick, Musik.

Körperliche Entsprechungen: Lymphe, Ohren.

Beeinträchtigungen für diesen Zeh sind vor allem die von der Person getragenen seelischen Lasten, für andere aufgenommene Schuldgefühle, sich aufopfern, wütend sein, verzweifelt sein – die Gedanken werden blockiert. Solche Konflikte wollen gelöst werden. Das Gute – die Lebensfreude – will sich auch in dem Zeh zeigen – die Liebe zum Selbstwert, Freude an Beruf und Berufung, der Lebensgestaltung und den Begabungen.

Bei einer Klientin war der vierte Zeh am rechten Fuß dreimal operiert worden. Die Entzündung und das Krummwerden des Zehs war nicht zu heilen. Sie hatte eine große Wut und Ablehnung zu ihrem Vater. Sie bestätigte, dass der Zeh ihr immer am meisten schmerzte, wenn sie in die ‚Vaterwut' ging. Jahre nach dem Tod des Vaters konnte sie verzeihen, der Zeh wurde gut.

Der fünfte Zeh

Die Persönlichkeit mit der Wertschätzung auch in Liebe und Sexualität ist hier gefragt. Entsprechungen: Selbstwert, Geben und Nehmen, Das eigene Fühlen und Denken mit Handlungen, Angst und Vertrauen, das sind für diesen Zeh die Themen.

Gesichts- und Fußanalysen

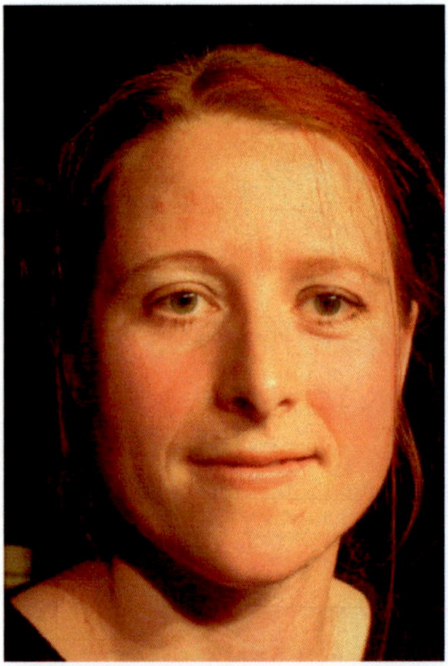

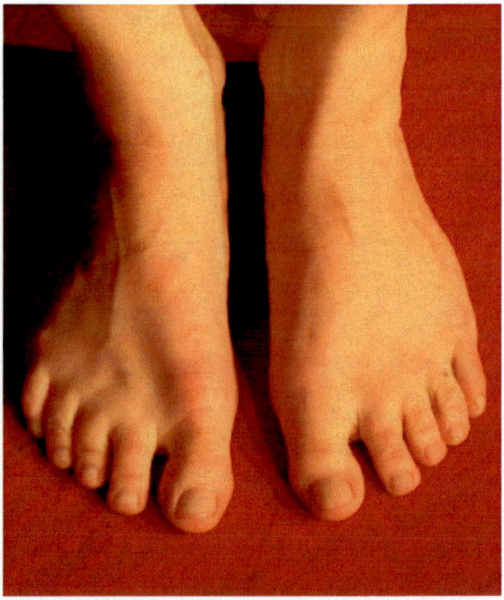

Anne Klinge, gelernte Pantomimin, Schauspielerin, Figurentheaterspielerin und Regisseurin. Teilnahme an nationalen und internationalen Figurentheaterfestivals, u.a. am Internationalen Figurentheaterfestival Erlangen/Nürnberg.

1997 Entwicklung der Technik des Fußtheaters und Entstehung des Figurentheaterprogramms „Der Fußmord und andere Liebesdramen". Seitdem erfolgreiche Auftritte im In- und Ausland.

2008 neues Fußtheaterprogramm „Hausfrauenreport und andere Fußgeschichten" und ein erstes Kinderprogramm „Der Froschkönig".

Seit 1999 Regisseurin an Staats-, Stadt- und Landestheatern in Deutschland und Österreich, seitdem ca. 40 Inszenierungen im Schauspiel und Musiktheater.

Kurzanalyse von Anne Klinge

Füße und Gesicht stehen harmonisch miteinander in Einklang. Frau Klinge ist geradlinig und weiß, was sie will. Die Formen in Gesicht und Füßen zeigen eben diese Geradlinigkeit. Der Magnetismus zeigt sich in einer guten Qualität an Spannkraft und Helioda. Die vorherrschend geistigen Interessen prägen sich in der Stirn und dem Großzeh aus. Ihre Fußzehenbeweglichkeit und Handbeweglichkeit kommen im Fußtheater voll zum Ausdruck. Durch die kurzen Zehen, die ebenmäßig geformt und gleich lang sind, ist ein kurzer Informationsweg möglich. Dadurch kann sie kleine Bewegungen in einer schnellen Abfolge durchführen. Sie lebt ihre Talente: Kunstsinn, Sprache, Mimik und Gestik.

Gesichtanalyse von Gela

Naturell: Empfindung-Bewegung und etwas Ernährung

Im Zusammenhang zeigen uns das Gesicht und die Füße Harmonie. Die Dreiereinteilung ist harmonisch, die Strahlung ist von Kopf bis Fuß heliodisch.

Die Füße zeigen etwas mehr die Bewegung, und das Gesicht zeigt uns etwas von der Ernährung, beides im Zusammenspiel wirkt harmonisierend.

Die Ausstrahlung von Kopf bis Fuß mit der Klarheit gewährt die Information, dass geistige Fähigkeiten, Ehrlichkeit und Liebe vorherrschend sind.

Das Profil ist fein, das Aussehen kunstvoll, klassisch. Die streng zurückgekämmten Haare bringen das Gradlinige und Klare zum Ausdruck.

Die gesamte Stirn zeigt vielseitige Interessengebiete an. Ethik und soziales Feingefühl sind an der Oberstirn erkennbar. Die Unterstirn bekundet die Talente und Ausdrucksareale für Farben, Kontraste, Formen- und Gestaltsinn. Diese Anlagen sind für Ihre Berufung wichtig, sie ist Künstlerin und Kostümbildnerin.

Die Nase ist mittellang, in fester Spannung. Durch die Spannung der Nase ist sie zielgerichtet, trotz des Einfühlungsvermögens. Sie kann schnelle Entscheidungen treffen. Durch ihre gute Auffassungsgabe und ihren Weitblick in Gedanken verblüfft sie oft ihr Gegenüber. Die Augenbrauen zeigen mit der starken Konzentrationsfähigkeit, dass sie bei einer Sache bleiben will.

Ihr gesamtes Wesen verleiht ihr eine hohe Sensibilität und Feinheit. Sie fühlt über ihre Seelenenergie.

Ihre innere Anspannung durch das viele Wahrnehmen darf Gela nicht unterschätzen, die zarten Nerven zeigen sofort die Belastungen an der Haut, und an den Reservekräften (siehe Ohrläppchen, untere Augenlider). Ihre feine Gefühlswelt hat das Bedürfnis nach einem sozialen, liebevollen Umgang. Sie kann sich trotz ihrer feinen Anlagen, wenn es gilt, durchsetzen. Sie liebt alles Schöne. Der Umgang mit Kindern, Musik, Blumen und Stoffen ist ihr eine Freude.

Schicksalsmerkmale von Gela

Es gab Trennungsschmerzen durch die Scheidung der Eltern. Gela war mehr bei den Großeltern mütterlicher Seite. Mit 12 Jahren machte sie Erfahrungen mit den Jenseitsthemen. Das wurde eine große Bedeutung für ihr Leben.

Fußanalyse von Gela

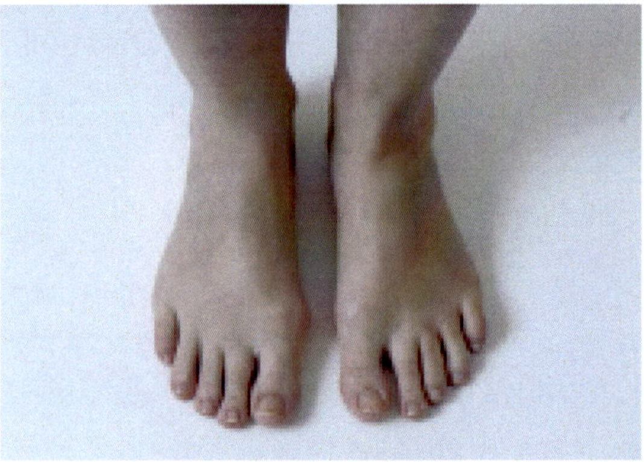

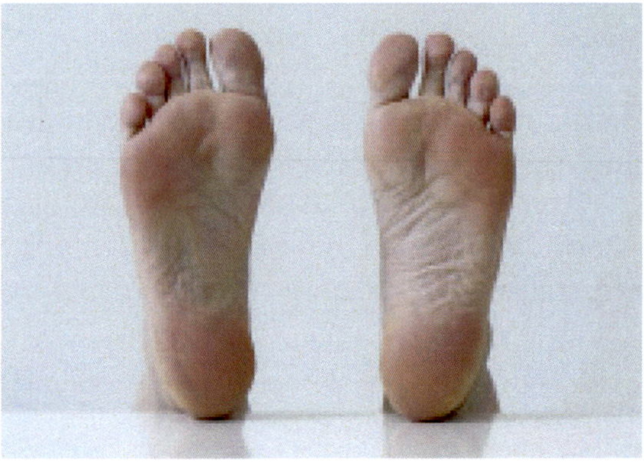

Der Fuß zeigt das Empfindungs-Bewegungs-Naturell. Die Helioda ist vorrangig. Die Haut ist klar und strahlend.

Die Füße sind harmonisch in der Zehenführung und Einteilung des Vorfußes, Mittelfußes und der Ferse. Insgesamt ist am Fuß eine leichte Deformation hin zum Senkfuß zu bemerken. Der Selbstwert war wohl immer eine Herausforderung beim Bewahren der Harmonie.

Durch die Erlebnisse von Kind an kam es zu einem Ungleichgewicht bei der Zehenstellung. Am linken Fuß sehen wir eine größere Lücke vom großen Zeh zur zweiten Zehe als rechts. Das heißt, dass ihr die Mutter fehlte. Gela hatte wenig Kontakt zur Mutter. Dieser Spalt gibt uns die Lebens- und Herzensfreude an. Der Spalt zeigt den Konflikt mit der Herzenskraft.

Die vierte Zehe zeigt das Elternhaus an, rechts ist die Vaterseite, und dieser Zeh ist gerade. Sie fühlt sich auch durch den Vater besser anerkannt. Der linke vierte Zeh zeigt, dass die Gefühle zur Mutter mehr unterdrückt wurden. Durch den Halt der Großeltern konnte sie ihr Selbstwertgefühl immer wieder aufbauen.
Die Gefühle, die sich daraus entwickelten, dass sie verlassen wurde, sind an den kleinen Zehen zu erkennen.

Das Zehengroßgrundgelenk rechts zeigt einen leichten Hallux-valgus. Sie litt an den Trennungsschmerzen der Eltern. Sie erkannte sehr früh ihre Fähigkeiten, vor allem den Sinn für die Konzentration auf das momentane Tun. Ihre geschickten Hände und der Sinn für Farben waren ihre Begeisterung. So wurde sie eine gesuchte Kostümbildnerin.

Der feine Umgang mit Menschen wie auch mit Materialien ist ihr Reichtum. Das zeigt die feine Strahlung an den Füßen. Der zweite Zeh zeigt den Kunstsinn für das Gestalten. Die Zehenkuppen am großen Zeh zeigt in der geschwungenen Form die Feinheiten im Sprachausdruck und die Gewissenhaftigkeit im Umgang mit Worten. Die geistigen und spirituellen Anlagen sind vorrangig, erkennbar durch die feine Strahlung und die feinen Formen.

Ihre Füße brauchen die Ruhe zum Gehen, da eine an den kräftigen Ohrläppchen und dem rundlichen Gesicht erkennbare Ernährungsanlage vorhanden ist. Den Gehvorgang im Dreiklang zu beachten, ist wichtig (siehe Kapitel „Gehvorgang“). Der Gang sollte von der Ferse ausgehen, vor zum großen Zeh, abrollen und auf den Ballen zurück schwingen. Eine mögliche Empfehlung ist hier, mehrmals täglich Drehbewegungen mit dem Sprunggelenk auszuführen und die Verstrickung im Herzen lösen. Den spirituellen, geistigen Weg weiterhin gehen, denn die Freude ist ihr ja so wunderbar gegeben.

Gesichtanalyse von Norbert

Wir sehen hier an der gleichmäßigen Dreier-Einteilung von Stirnansatz (ist nicht gleich Haaransatz) bis Nasenwurzel, Nasenwurzel bis Nasenspitze, Nasenspitze bis Kinnmitte das harmonische Naturell.

Die Strahlung ist von guter Empfindung. Die Talente stehen in den Bereichen Musiksinn, technische Begabungen (Stirnkanten), an den Augenbrauen ersichtlich die feine Beobachtungsgabe für Naturerkenntnisse, erste Stirnregion – die Hauptbereiche (Oberstirn/siebte Stirnregion liegen in der Ethik und im sozialen Denken. Die psychologischen Fähigkeiten sehen wir an der Mittelstirn.

Das Einfühlungsvermögen verrät uns die mittellange Nase. Norbert ist auch für beratende Tätigkeiten geeignet. Den Gerechtigkeitssinn zeigt das Seitenhaupt, die Treue und das tief Beseelte zeigen die Augen. Die Bewusstseinserweiterung erkennen wir an der Zone für Gemütsempfinden an der Nasenspitze und der feinen Strahlung/Haut am gesamten Gesicht.

Die wohlgeformte Breite des Gesichtes bekundet eine gewisse Hartnäckigkeit, Widerstandskraft und Durchsetzungskraft. Er lässt sich von seinen Vorhaben nicht ablenken, und bietet einen enormen Einsatz für das Gute. Wohlwollend setzt er das durch, was er für gut empfindet.

Die anliegenden Ohren und gute Ohrläppchen sorgen für nötige Ruhe und Ausgeglichenheit, und so befindet er sich wieder in seiner Harmonie. Die anliegenden Ohren haben Überraschungen nicht so gerne.

Das Gemüt an der Nasenspitze ist zur Zeit unterbrochen, die rechte Seite zeigt mehr Fülle. Seine tiefen Empfindungen mit der Erlebnisfähigkeit lassen ihn zur Bewusstseinserweiterung kommen.

Die Augen sehen momentan etwas enttäuscht und traurig aus, es zeigen sich noch seelische Verletzungen.

Der Mund drückt Bescheidenheit aus. Gesprochen wird das, was Sinn macht. Von unnötigen Worten hält Norbert nicht allzu viel. Ihm Anvertrautes behält er für sich.

Insgesamt sehen wir hier einen feinen Herrn mit festen Ansichten und wohlwollendem Charakter, der prüft, bevor er redet, und der fest im Leben steht, wie es auch die Füße zeigen.

Fußanalyse Norbert

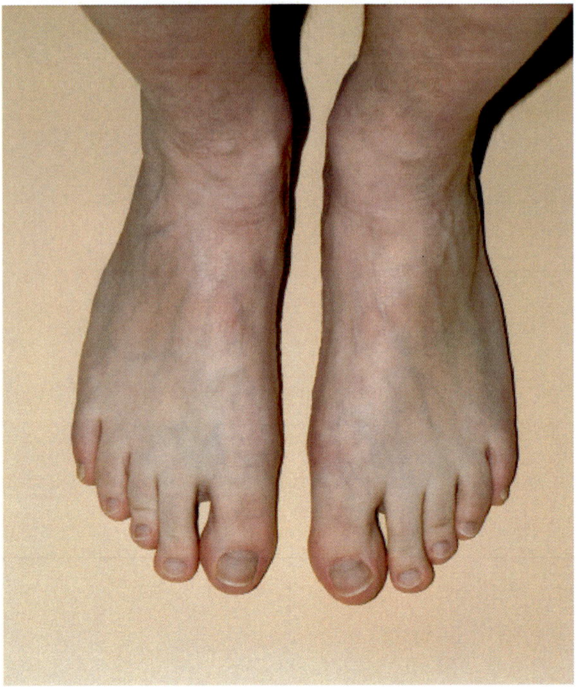

Harmonisches Naturell

Norbert schaffte es mit seinem Naturell und guten Gedanken, die Liebe und Wertschätzung für sich und seine Mitmenschen zu behalten. Norbert hatte seine tragischen Erlebnisse und ist durch Einiges gegangen.

Der Fuß zeigt eine feine Strahlung der Haut. Die Empfindungs-energie ist vorrangig. Es zeigt sich ein leichter Plattfuß. Die Zehenstellung ist fast gradlinig. Das heißt, Norbert prüft vorher, ob etwas für ihn passt, bevor er eine Entscheidung trifft.

Die Zehen verbinden sich - bis auf die Lücke am rechten Groß-zeh - gut miteinander, das bestätigt seine Entschlusskraft. Das äußere Handeln ist etwas verzögert. Es haben sich bei ursprünglich harmonischer Anlage Verdickungen am Großzeh gebildet, die noch vor zwei Jahren nicht da waren.

Die Zehen im Einzelnen:

Großzehen: Der rechte große Zeh zeigt an der Kuppe feine Formen, und es ist wenig Fleisch sichtbar, das heißt, dass Norbert eine feine Wortwahl und Sprache hat. Der Zeh ist groß und breit, er besitzt viel Wissen, und sollte dieses Wissen nach außen bringen, nicht für sich behalten. Die Breite des Zehs enthält die Information, dass eine gedankliche Ruhe vorhanden ist – erst Denken, dann Sprechen. Der Einsatz für Äußeres wird gelebt.

Der linke große Zeh zeigt im Gesamten mehr Fülle und eine kleine Neigung nach außen. Die inneren Gedanken und Gefühle wollen sich nach außen bewegen. Von den persönlichen Erlebnissen und seelischen Verletzungen hatte er die Nase voll. Vielleicht war er als viertes Kind nicht mehr geplant; der Zeugungspunkt an der Wurzel am großen Zehennagel ist etwas rillig. Er trägt oft mehr Verantwortung für die Familie, als er es verkraften kann.

Seine Gaben sind, im Großzeh das Denken und Wissen mit Güte zu beleben und weiterzugeben.

Zweiter Zeh links und rechts: Wünsche und Bedürfnisse realisiert er mit gutem Willen. Er kann mit Aufmerksamkeit das wahrnehmen, was ist. Berufliche Fähigkeiten: Kunstsinn, Musiksinn und technische Begabungen.

Der Mut-Zeh (dritter Zeh) zeigt an der rechten Seite eine Unterbrechung – es gab zuhause eine Unterbrechung in der Gemütsatmosphäre; er musste sich für sein Recht und die Gerechtigkeit einsetzen, das kostete ihn Kraft. Er hat durch diese Erlebnisse jedoch einen weiteren Weg entdeckt, der ihn noch mehr im Glauben und in der Ethik bestärkte. Der Zeh zeigt die psychologischen Fähigkeiten mit seiner feinen Qualität.

Der vierte (Herkunfts-)Zeh zeigt an der linken Seite eine leichte Anlehnung zur Mutter und eine Unterordnung, was mit Verlust zu tun hat. Norbert war als Säugling, da die Mutter krank war, lange von ihr getrennt. Der Vater – vierter Zeh rechts – ist klarer im Außen und führt seine Vorhaben durch. Auftrag für Norbert ist, die männliche Kraft vom Vater zu nehmen.

Die fünfte Zehe steht für die eigene Persönlichkeit und Intimität. Diese zeigt Feinheit im Umgang mit dem Selbstwert, Selbstliebe und Achtung. Der fünfte Zeh steht eng zum vierten Zeh, was heißt, dass er sich lieber in Sicherheit begibt, als sich auf Überraschungen einzulassen. Gefühle und Vertrauen werden nur jemanden vermittelt, wenn er sich ganz sicher ist, dass der Mensch von gutem Charakter ist.

Die wohlwollenden, guten Gedanken zeigen sich an den Füßen. Die Haut und die Strahlung sind fein.

Ein Spaziergang in der Natur stärkt Körper,Geist und Seele.

Gesichtanalyse Stefan

Stefan ist ein Bewegungs-Empfindungsnaturell. Immer in Bewegung, immer dabei. Bei diesem Naturell ist das Ernährungs- und Ruhesystem schwach in der Anlage. Es werden zwei Verbrauchssysteme gelebt. Zum einen die Dynamik des Bewegungsnaturells und die Vibration des Empfindungsnaturells.
Die Ohren stehen ab, damit ist andauernde Veränderung vorprogrammiert. Heute hier, morgen dort. Auf die Mitmenschen wirkt Stefan sprunghaft. Routine macht ihn krank. Das starke Ohrläppchen sorgt für Reservekraft. Die Ohren liegen schräg an der Festigkeits- und Willensachse und sorgen für Durchsetzung in seelischen und zwischenmenschlichen Kontakten. Sobald jemand mangelndes Interesse an Stefans Arbeit signalisiert, setzt ein altes Minderwertigkeitsmuster ein, und sofort wird wieder etwas Neues ausprobiert.

Stefan studierte Grenzwissenschaften und interessierte sich für die Frage, was ist nach dem Leben. Eine Ausbildung als Radiästhet (Wünschelrutengänger), Geomant, Reikimeister und Heilpraktiker waren Stationen auf dem Wissensweg. Er lebt Hilfsbereitschaft und Wohlwollen für seine Mitmenschen. Er ist ein guter Diskussionspartner, da er sein Wissen ständig bereichert.

Die Stirn zeigt am oberen Seitenhaupt den Sinn für empirisches Wissen und geistiges Verlangen nach Wissensbesitz. Aus innerem Antrieb will Stefan alles vertiefen. Er möchte nicht dabei erwischt werden, etwas nicht zu wissen.

Stefan hat trotz Ruhelosigkeit Familiensinn und Gemeinschaftssinn, was am gerundeten Hinterhaupt zu sehen ist. Er kann sehr gut mit Tieren umgehen. Er möchte mit Armen und Händen arbeiten.

Fußanalyse Stefan

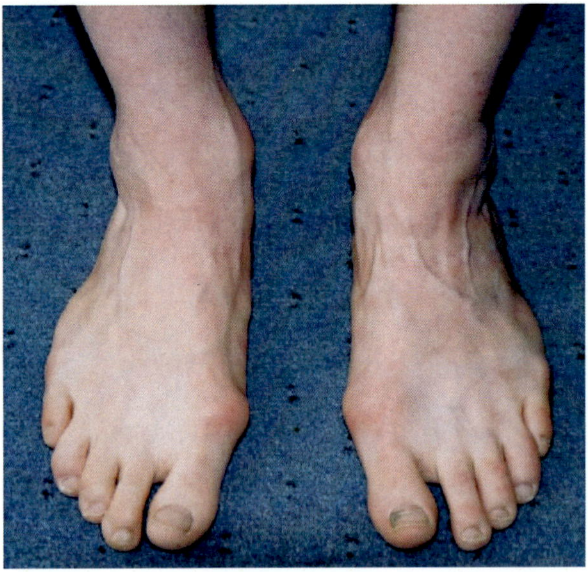

- Zweite/dritte Zehenkuppe: rechts und links Hornhaut
- Zweite Zehe rechts etwas verdreht
- Dritte/vierte Zehe rechts lehnen sich an
- Hallux-valgus

Diese Füße sind von feiner Beschaffenheit und zeigen das Bewegungs-Empfindungsnaturell. Stefans Fuß hat heliodische[4] Strahlung der Haut. Die Zehen sind feingliedrig und gerade. Seine innere Bewegung und Freude hat mit der Natur zu tun. Seine Begabung, mit Gedanken und Begriffen umzugehen, gab ihm das tiefe Bedürfnis zu forschen, was mit Glauben und Hoffnung zu tun hat.

Auch hier geht es wieder um das Sehen und Hören: Bei diesem Herrenfuß ist das Sehen und Hören ein Wechselspiel. Ich frage, wie es ihm beim Horchen auf die innere Stimme und mit dem inneren Schauen geht, denn oft höre ich Menschen sagen: „Ich fühlte es, habe es jedoch nicht getan." Es ist bekanntlich nicht immer ganz so einfach, die innere Stimme wahrzunehmen, sie zu „hören" und mit dem Sehen umzusetzen – obwohl dieser Herr dazu die Gabe hat. Warum das so schwierig ist, wollen wir jetzt anschauen.

Die Plattfüße vermitteln uns wiederum, dass sie in früher Kindheit schwere Lasten getragen haben oder der Mann seine Körperkräfte überschätzte: Um sich durchzusetzen, musste er mit starker Willenskraft arbeiten, und wenn es Ungerechtigkeiten gab, lief ein Trotzmuster ab.

Eine Trotzreaktion braucht sehr viel Kraft. Bei Trotz wird die innere Kraft geballt zusammengezogen, weil er über den Willen ausgeführt wird. Somit entsteht ein enormes ‚Gewicht' im Körper, welches auf die Fußsohle gedrückt wird. Die geballte Energie ist so stark, dass das Fußgewölbe heruntergedrückt wird. Je öfter der Trotzkopf eingesetzt wird, umso mehr werden die Füße mit

4 Helioda, von griech.: Helios, Licht, jede Zelle. Der Begriff wurde von Carl Huter geprägt

dieser inneren Kraft praktisch zu Boden gedrückt. Wut angemessen zu leben, ist ein wichtiger Ausdruck für die Gesundheit. Trotz ist eine starke Reaktion, bei der sich Blockaden bilden. Somit haben viele junge Menschen den Plattfuß. Trotz ist eine Ursache bei vielen für die Entwicklung von Plattfüßen.

An der feinen Strahlung der Füße ist wiederum zu sehen, dass Stefan wahrscheinlich schon in der Kindheit Lebensfreude mit Tieren und Pflanzen hatte und sich auch interessierte Fragen stellte in der Art: „Gibt es Engel?“

Durch die Lücke am großen Zeh fielen ihm Entscheidungen nicht immer leicht. Er brauchte Zeit, um das umzusetzen, was er von innen „hörte“ und von außen sah, oder umgekehrt. Alles Neue findet sein Interesse. Sowohl seine Fähigkeiten als auch der Umgang mit Tieren haben ihn dann ebenso in die tiefe Wesensart des Menschen blicken lassen, und ihn in der Pflanzenkunde weitergebracht.

Die Hornhaut am zweiten und dritten Zeh – rechter und linker Fuß – lässt den Einblick zu, dass er eigentlich Schutz gebraucht hätte und nicht ständig Überforderungen. Die geraden Zehen zeigen seine Gradlinigkeit. Dinge müssen klar gesprochen und ausgedrückt sein.

Am großen Zeh, der Zehenkuppe und -spitze sehen wir eine feine Rundung, die uns über sein Mitteilungsbedürfnis Auskunft gibt. Stefan braucht etwas Anlauf und Vertrauen, um sich zu äußern. Sein Humor ist fein und hintergründig.

Am linken großen Zeh sehen wir, dass die Nagelplatte etwas blau und gelblich ist. Deshalb meine Frage, ob er von einer Verletzung weiß. Die meisten Menschen spüren es nicht und fragen sich, wie das sein kann; viele, die ich fragte, wussten nicht, ob sie sich angestoßen haben. Es ist ihnen durch die Kopflastigkeit oft nicht aufgefallen oder bewusst geworden.
Häufige negative Gedanken lösen bei vielen Menschen ver-

hornte Nägel oder Rillen aus. Die schweren Gedanken, Grübeln, Hass, Widerstände, können einen Nagel nicht mehr zum schönen Wuchs bringen. Bei Stefan ist zu sehen, dass er von der Gefühlsseite belastet ist oder war, und dass sich tiefe Gedanken festgefahren haben und der Nagel sich veränderte und sich so zeigt. Solche Blockaden im Denken verursachen eingewachsene Nägel, Schwindel und Migräne (Abgrenzungsschwierigkeiten).

Es hat auch immer wieder etwas Gutes, denn bei solchen Erfahrungen mit den Füßen gehen viele Menschen der Sache, Seele oder dem Thema auf die Spur. Das sollten wir immer wieder tun, sobald uns der Körper das Geringste zeigt, und sogleich reagieren. Somit könnten oft weitere Schmerzen, Deformationen vermieden werden.

Achte auf Deinen Leib, sagte Jesus, fühle Deine Füße und schaue Dich liebevoll an und danke Deinem Körper. Sehe Dich als ein Ganzes, Du bist immer eine Einheit, und verbinde Dich mit Gott.

Der zweite Zeh rechts zeigt eine leichte Verdrehung. Ich gebe Stefan den folgenden Rat: er sollte sich nicht abwenden, sondern seiner Wahrnehmung weiterhin nachgehen und auf sein Sehen vertrauen. Dabei sollte er auf den guten Willen achten und weiterhin – mit dem zweiten Zeh – in der Natur das Wunderbare wahrnehmen und fördern, und damit die Qualitäten der Wahrnehmung weiterhin leben.

Das „Anlehnen" der Zehen weist auf Bedürfnisse hin und zeigt klar: Ich kann so nicht mehr. Ich brauche Ruhe, ich möchte Anerkennung; einen Menschen, der mich versteht.

Der verdickte vierte Zeh (Elternzeh) macht auf unnötige Schuldgefühle aufmerksam, die zu lösen sind – sich selbst verzeihen und verstehen. Es sind oftmals die Muster aus der Kindheit, die es anzusehen gilt.

Der Ballen mit Hallux valgus zeigt die Feinheit im Fühlen, dass doch nicht alles so ganz verarbeitet ist, und dass Seele und Herz tief berührt waren von Erlebnissen, beispielsweise von Trennungen, Ängsten, Opferrollen. Ängste wollen anerkannt werden. Opferrollen führen zu Blockaden, wenn die Themen nicht angeschaut werden. Die bescheidene Zurückhaltung bringt ihn hierbei nicht weiter.

Sein Humor hat ihn immer gut begleitet, um die Hürden im Leben zu überwinden. Die Fähigkeiten und der Umgang mit Tieren haben ihn auch in die tiefe Wesensart des Menschen und in die Pflanzenkunde blicken lassen.

Stefan ist Autor des Buches für fortgeschrittene Menschenkenner: „Ich-Ideal-Weltall“, erschienen bei videel, Niebüll.

Bettina

Physiognomische Analyse

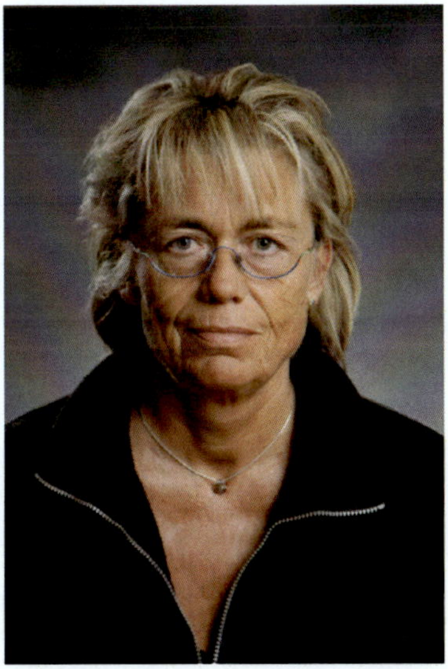

Der Körper zeigt ganzheitlich das Bewegungs-Empfindungs-Naturell.

Die Schultern sind kraftvoll und die Beine lang. Die Hände zeigen Festigkeit und verraten die Fähigkeit zuzupacken, des immer fleißigen Arbeitens. Naturverbundenheit, Freude und Ruhe findet sie an der Gartenarbeit. Der Umgang mit Pflanzen stärkt ihre Empfindungsanlage.

Der Mund verrät Enttäuschungen vom Leben. Die Spannungen an der Oberlippe (Pallium) zeigen Gefühlsentbehrungen und Gefühlszurückhaltung als Schutz vor neuen Verletzungen. Dadurch ist ein etwas ernster und trauriger Gesichtsausdruck entstanden. An der Oberstirn und Kinnspitze ist ihre Hilfsbereitschaft erkennbar. Bettina hält sich trotz ihrer Fähigkeiten lieber im Hintergrund auf. Die Angst vor Verletzungen ist vorrangig.

Das Untergesicht (Kieferbogen) zeigt die Kraft der Durchsetzung. Die Mundpartie und das Mittelgesicht zeigen die Gefühlszurückhaltung. Deshalb wirkt Bettina etwas herb und kann sich stur geben, obwohl sie im Herzen Kontakt haben möchte und ihre Hilfsbereitschaft zum Einsatz kommen will und auch sollte. Das Zusammenbeißen der Zähne zeigt, dass sie mit Willenskraft ihre täglichen Aufgaben erfüllt.

Der Augenausdruck zeigt die schmerzhaften Erlebnisse, den frühen Tod der Mutter, Wohnungsbrand und noch viele Enttäuschungen. All diese Erlebnisse verbrauchten Nerven (erkennbar an den unteren Augenlidern).

Die Ohrläppchen sind ein guter Ausgleich für ihre Reservekräfte. Die Strahlung insgesamt von Gesicht, Körper und Füßen ist zur Zeit der Aufnahme des Fotos zurückhaltend, eher matt und müde, die Helioda ist zurückgestellt. Wichtig ist es, Freude für sich selbst zu leben, und sich selbst wertzuschätzen, das Vertrauen zu sich haben und andere Menschen bejahen. Die innere Ohrleiste, das Mittelgesicht und der Mund sind in der Zurückhaltung; Bettina geht vorsichtig mit Kontakten um.

Die Nasenspitze verrät einen guten praktischen Instinkt, sie weiß aus dem Unterbewussten, ob richtig oder falsch. Die mittlere Länge der Nase gibt die Spontaneität an.

Die Augenpartie, Augenbrauen, Lider geben uns kund, dass sie Sinn für Ordnung, Systeme, Formen- und Gestaltsinn, Schreib- und Malsinn hat. Die erste Stirnregion zeigt die gute Beobachtungsgabe.

Zusammenfassend ist Bettina sehr fleißig und hat Interesse für Natur, Kunst und Bewegung. Sie wünscht sich Freiheit in der Seele und mehr Kontakte nach Außen.

Fußanalyse von Bettina

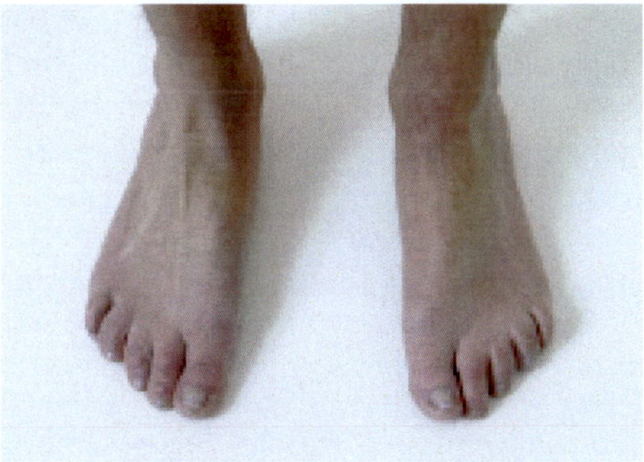

Bettina ist von Erlebnissen und Schock geprägt.

Naturell: Der Fuß zeigt eine gute Spannung und einen festen Tritt, was bedeutet, dass sie einen guten Bewegungsanteil angelegt hat. Empfindung ist ebenfalls angelegt. Die Füße suchen die Natur und brauchen das Barfuß gehen. Der gute Gehvorgang im Dreiklang sollte ausgeführt werden. Tägliche Fußgymnastik wäre wichtig.

Ihr sehnlichster Wunsch ist: Freiheit in der Seele.

Die Haut ist leicht gerötet und zeigt Gedanken des Unerfülltseins bis zur Wut. Der Fuß hat einige Deformationen.

Leichter Plattfuß, sie hat früh Verantwortung übernommen und musste den starken Druck aushalten. Ihre feine Seele wurde nicht verstanden und so entwickelte sich eine unbewusste Wut. Senk- und Spreizfüße gewähren die Information, dass der Selbstwert unterdrückt wird. Die zurückgezogenen und krummen Zehen zeigen die Erlebnisse, die nicht verarbeitet wurden, wie Schock durch Wohnungsbrand, früher Tod der Mutter, die große Fürsorge für den Vater. Das ist eine Überbelastung, dadurch nimmt sie sich die Freude.

Die Zehen im Einzelnen zeigen:

Der große Zeh rechts weist auf Zerrissenheit und Blockaden im Denken hin. Die tiefe Falte trägt die Information von Schock und Unterbrechungen und die daraus notwendig folgende Zielsetzung für den Tagesablauf, auch für sich selbst da zu sein.

Die Hornhaut zeigt, dass sie sich vor Gedanken schützt und gute Freunde braucht. Der große Zeh geht in Führung zur Selbständigkeit. Der Nagel ist fein und erfüllt sie mit Sensibilität. Die Doppelfalte am Ansatz des großen Zehs zeigt das Ahngefühl. Hier ist es wichtig, den Zweifel abzulegen, denn mit einem tiefen Urvertrauen hat sie ein ganz anderes Lebensgefühl.

Der zweite Zeh zeigt Verdickungen und lehnt sich am großen Zeh an. Den eigenen Willen muss Bettina fördern. Ihre Gaben sind im Bereich Formen- und Gestaltsinn und Talent zum Schreiben.
Der dritte Zeh zeigt den Gerechtigkeitssinn, sie liebt auch ein schönes Zuhause. Bettina setzt sich mehr für andere ein als für sich selbst. Die Opferrolle ist ein altes Denkmuster. Sie besitzt soziale Fähigkeiten und Einfühlungsvermögen.

Der vierte Zeh zeigt die Blockaden und Angst von der Mutterseite her, der linke vierte Zeh den frühen Abschied von der Mutter, der rechte vierte Zeh den Druck und die Verantwortung für die Herkunftsfamilie.

Der fünfte Zeh zeigt die persönliche Zurückhaltung.

Ich habe tiefes Verständnis für ihr Schicksal und begreife sehr gut, wie es ihr geht. Der Lernweg ist, die Liebe für sich und andere zu finden. Die Freude und die guten Gedanken von Vertrauen und Selbstachtung müssen gelebt werden. Dann kann der Selbstwert durchkommen, und das Glücklichsein, das sie im Verborgenen hält, wird sie leben können.

Fußanalysen

Mit Kreativität etwas neu schaffen

Für viele Menschen heißt es manchmal durch irgendeine Lebenssituation: Neubeginn – Umdenken. Für manche ist der Jahreswechsel ein Anlass, das eigene Leben zu überdenken. Die Vorsätze sind vielfältig: Ich will im kommenden Jahr kreativ sein. Ich will mehr für meine Gesundheit tun. Ich will mehr Zeit für meine Partnerschaft/Familie haben. Ich will mehr auf mich selbst achten. Ich will mein Umfeld mehr wahrnehmen. Ich will abnehmen. Ich will zufrieden sein. Ich will zum Glauben finden. Ich will meinen Zweifel ablegen. Dabei wissen viele oft nicht, wie Neubeginn und Umdenken vonstatten gehen sollen.

Um all diese Vorhaben umsetzen zu können, brauche ich als erstes eine Erkenntnis zum klaren Handeln. Täglich muss jeder Mensch für sich Entscheidungen treffen. Der Körper und die Gedanken sollten erst angeschaut werden aus dem Gesichtspunkt: Wie ist mein Gesundheitszustand, mein Wohlgefühl? Sind meine Gedanken positiv genug? Wie glücklich sind meine seelischen Empfindungen? Lebe ich mein Naturell bewusst mit der Ernährung, Bewegung und Empfindung. Wie sehen meine Füße, Zehennägel, Haut, Haare aus?

Wie bin ich zu mir und zu meinem Umfeld?

Zu diesem Thema habe ich mir wieder Menschen von Kopf bis Fuß angeschaut, um zu sehen, ob das Kreativsein und Neues schaffen wollen auch so schnell möglich ist, wie der Kopf es will. Kreativ sein heißt, etwas Neues schaffen wollen, das heißt auch seine eigene Begrenzung überwinden. Kreativ sein ist wie ein göttlicher Akt, denn es geht um das Vertrauen. Mit diesem Vertrauen verlange ich etwas von mir. Die kreativen Gedanken sollten erst mit dem Vertrauen im Körper sein – somit erlebt der Körper eine neue Energie.

Mit diesen vertrauten, kreativen, wollenden Energien kommt die Freude. Ich schaue mir an den Füßen/Zehen die fünf Elemente an: das 1. Element – Äther – ist der große Zeh, das 2. Element – Luft – ist der zweite Zeh, das 3. Element – Feuer – ist der 3. Zeh, das 4. Element – Wasser – ist der vierte Zeh, das 5. Element – Erde – ist der fünfte oder kleine Zeh. Auf die Zuordnung zu den Elementen werde ich im Laufe der Analysen noch weiter eingehen.

Die fünf Elemente brauchen wir, um etwas Neues, Schöpferisches mit dem Körper zu schaffen. Die Füße/Zehen sollten in der Energie sein und wahrgenommen werden bis zur Fußsohle. In jedem Akt der Elemente erschafft der Mensch das Kreative in sich selbst.

Kreative Menschen lernen schneller, sich zu sammeln und spirituell zu motivieren. Das führt zu Erfolg mit Gebeten und Meditation. Energien sollten von Kopf bis Fuß frei fließen, die Lymphe braucht Freiraum und sollte bewegt werden. Auf eine gute Durchblutung ist zu achten. In dem Moment, wo Energieströme blockiert sind, besonders durch Druck, Angst, Schuldgefühle, Zweifel, Groll oder Übernahme von Opferrollen, häuft sich Energie an und verursacht Schmerzen im Körper – auch in den Zehen. Es kann auch gut beobachtet werden, dass Zehen krumm werden, wenn Emotionen länger festgehalten werden. Die Stellen, wo Hornhaut oder Hühneraugen auftreten, werden noch härter, und es kommt zu Schmerzen. Manche Menschen sagen, dass sie sich immer wehtun, oder dass sie sich an einem Zeh verletzen. Bei Verletzungen an den Füssen oder Zehen, werden viele achtsamer und wacher. Ein Beispiel aus meiner Praxis:

Ursula fiel eine Kristallvase auf ihren großen Zeh, der große Zehennagel musste abgenommen werden, der Nagel wuchs nicht mehr in der Form nach, er blieb gespalten und verhornt.

Die Ursache konnte im Gespräch erkannt werden. Der große Zeh ist das Element Äther, das mit den Gedanken zu tun hat.

Organe: Hals, Sprache, Stimme. Ursula pflegte ihre Gedanken immer mehr in Form von Kummer. Ihre Stimmlage war mehr im verletzten, aggressiven Ton, ihre Wortwahl angreifend, nach dem Motto: Ich habe die Nase voll und schimpfe auf die ganze Welt. Die Haut im Gesicht und Halsbereich war rötlich. Die Freude wurde immer weniger. Bei dem Unfall mit der Kristallvase wurde sie aus diesen Kummergedanken erst einmal herausgerissen. Sie erlebte an sich, dass sie nicht «vergeben» konnte. Zweifel und Neidgedanken waren ihr vertraut. Mit den positiven Gedanken «vergeben» konnte sie erst nichts anfangen. Sie begann, sich der Gedanken bewusst zu werden, konnte damit kreativ werden und Neues schaffen. Der Nagel ist heute schöner geworden, und die Fußpflege hilft ihr dabei, den Nagel zu behalten. Sie gibt sich Mühe und hat gelernt zu beten und zu vergeben. Die Veränderung der Ausstrahlung im Vergleich mit der ersten Begegnung und jetzt ist ein schönes Erlebnis. Daran ist zu sehen, was mit bloßem kreativen Umdenken erreicht wird. Neubeginn heißt lernen, Ursula tat es.

Die fünf Elemente an den Zehen

Ich möchte Ihnen, liebe Leserschaft, mit diesem Fußbild eine Freude bereiten, um die Füße mit Liebe zu betrachten.

Die Zeichnung ist von Gabriele.

Hier: Äther = großer, erster Zeh.

Das Element Äther steht für die Gedanken und Muster, also auch für Gedanken wie Kummer, Ablehnung, Angst. Zusammenfassend: positives und negatives Gedankengut, wie auch Muster, zeigt der große Zeh. Erlebnisse von der Zeugung zeigt die Nagelwurzel, der Sprachausdruck ist erkennbar an der Zehenkuppe.

Organe: Kehlkopf, Stimme, Hals:

Kummer muss verarbeitet werden. Solange der Kummer fließt, gibt es eine dickflüssige Energie in Kopf und Körper. Es können alle fünf Elemente blockiert sein oder auch nur eines. Bei Problemen am großen Zeh, also Äther, dann schaut man in die Gedankenwelt. Dann ist ein Element blockiert. Ist der zweite Zeh verhornt, dann wären zwei Elemente blockiert. Sobald die Kummergedanken aus dem Kopf sind, beginnen Freude und Neubeginn. Der Neubeginn wird im Kopf ausgeführt, die Gedanken fühlen sich anfangs wie leer an, denn es bilden sich neue Gedanken (Verzeihen, Dankbarkeit). Aktivitäten verstärken sich. Das Energiesystem orientiert sich neu. So ist es ein Zusammenspiel der fünf Elemente.

Deformationen am großen Zeh kommen durch Gedanken von Festhalten, Wut und Angst. Dabei wächst bei vielen Menschen der große Zehennagel ein, oder es kommt zu verhornten Nägeln, Verletzungen, Verfärbungen, Schmerzen, Juckreiz.

Fußanalyse Edith

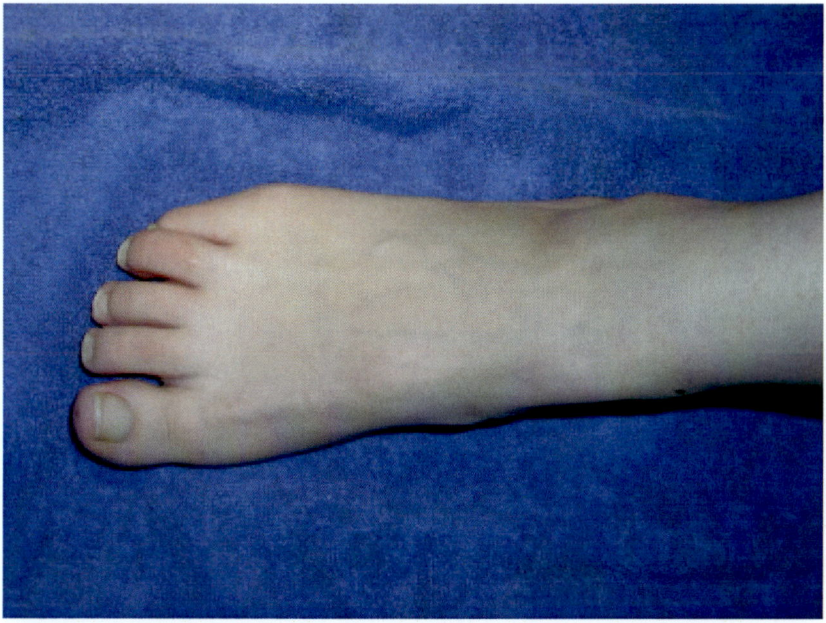

Die Frage der Klientin ist: «Wie kann ich Neues schaffen, ich fühle mich müde?»

Der Fuß zeigt, dass Edith ein Empfindungsnaturell ist, mit etwas Anklang an Ernährung.

Der große Zeh (Element Äther): Die geistigen Fähigkeiten und Interessen sind am volumigen Großzeh gut zu erkennen. Er zeigt eine klare Ausstrahlung und die Freude an Neuem. Sie geht also hellwach in den Tag. Ihre Müdigkeit erklärt sich teils aus der Überanstrengung, wenn Sie Ihrem Körper zu viel zumutet, und den Blockaden aus dem seelischen Bereich.

Da die Zehen im Verhältnis zum Fuß kurz sind, braucht sie mehr Ruhe und weniger körperliche Anstrengung. Ihre weiteren Talente finden sich in den praktischen Bereichen – Zahlen, Ordnungssinn und auch Musik. Für das Schöne ist sie gerne offen, zu sehen an der Form des vierten Zehs. Der kleine, kaum wahrnehmbare Punkt, resp. Muttermal auf der Zehenkuppe des Großzehs zeigt eine gewisse Zurückhaltung in der Sprache, da sie sich von bestimmten Kummergedanken noch nicht frei gemacht hat. Die Blockaden sind wahrscheinlich auf alte Denkmuster und Ängste zurückzuführen. Die Verstrickungen und Muster aus den Schwangerschafts- und Geburts-Erlebnissen sind noch zu sehen. Im dritten Monat der Schwangerschaft musste sich ihre Mutter mit einigen Themen auseinandersetzen. Wichtig ist, dass Edith mehr ihre geistigen Fähigkeiten leben soll, als dass sie sich körperlich überfordert. Der Äther könnte dadurch wieder viel besser fließen. Der Zeh zeigt eine Verdickung und etwas Röte. Von Druck und Wut muss sie sich frei machen, sonst werden die Bronchien zu stark belastet.

Edith ist geistig stark, neugierig, intelligent, und sie ist für Neues offen.

Der zweite Zeh (Element Luft) ist fast gerade und geht energievoll den Wünschen, Bedürfnissen und Vorstellungen entgegen. Dass sich der Zeh selbst zurücknimmt, gibt den Aufschluss, dass die Kummer-Gedanken, die Elemente Luft und Feuer etwas eingezogen sind. Am vierten Zeh, dem Wasser-Element und am kleinen fünften Zeh, dem Erd-Element, stehen noch ein paar ungelöste Themen an.

Der Fluss des Wasser-Elements ist der Bezug zum Vater. Das Männliche braucht noch eine gewisse Anerkennung. Was will noch in Fluss kommen? Ansammlungen von Energien, wie Trauer, Verletzungen? Der kleine 5. Zeh, das Erd-Element will Werte anschauen. Der Selbstwert steht bei ihr in einer Unterordnung. Die fünf Elemente sollten miteinander schwingen, dann kann Edith ihre Kreativität leben, und das Neue lebt sie dann mit Leichtigkeit. Die Müdigkeit, von den Gedanken herrührend, ist dann vorbei. Eine gute Förderung, um ins Gleichgewicht zu kommen, ist die Fußmassage, Fuß-Gymnastik, und vor allem ist auf die Beweglichkeit der Zehen und den gesamten Gehvorgang zu achten. Sportarten wie Schwimmen, Tanzen oder Spaziergänge sind wohltuend und fördern das Gesundsein.

Von den Kummer-Gedanken frei zu werden, gelingt gut mit Affirmationen wie der folgenden: Friede beherrscht mein Gemüt.

Weitere Wirkungen werden erzielt durch Vertrauen, tägliches Gebet und Meditationen für Körper-Geist-Seele. Was mir persönlich gefällt, ist Musik von Mozart. Wohltuend ist Fußgymnastik - Edith darf jedoch ihre Füße nicht überfordern, die kurzen Zehen brauchen immer wieder Pausen. Die Erinnerung an den eigenen Selbstwert ist wichtig, sie sollte sich dafür einsetzen. Edith ist feinfühlend, intelligent, sozial denkend und mit einem liebenden Herzen voller Ideen. Das Lösen von alten Mustern ist wichtig, damit sie frei ist für Ihre eigene Persönlichkeit.

Den Füssen auf die Sprünge helfen

Die Füße spiegeln die Art und Weise, wie ein Mensch im Leben steht und wie er sich fortbewegt. Durch genaue Betrachtung der äußeren Beschaffenheit der Füße kann die Expertin tiefe Einsicht in das Wesen und den Gesundheitszustand eines Menschen gewinnen. Die Form der Füße, die Größe, Haltung und Hautbeschaffenheit der Zehen, der Zehennägel, des Spanns, bzw. der Fersen sind ein Indikator für Charakter, Beruf, Liebe und Ehe. Auch die psychische und physische Gesundheit eines Menschen ist daraus zu erkennen.

Bevor ich zur Analyse komme, spreche ich meinen Respekt, meine Achtung und Anerkennung für den Menschen und seine Formen aus.

Es hat jede Form ihre eigene Entwicklung mit ihren individuellen Anlagen. Viele Formen sind wertfrei anzuschauen. Ob gut oder böse, positiv oder negativ, ist nicht immer auf Anhieb zu erkennen. Die Entwicklung zeigt, was den Einzelnen mit sich selbst bewegt. Um in der Mitte zu sein, sich wohl zu fühlen, braucht jeder für sich viel Anstrengung. Man muss sich seiner Energien und Formen bewusst werden, angeborene und entstandene Blockaden erkennen und wieder davon frei werden. Die Füße zeigen viele Blockaden, die durch verkehrtes Denken und Fühlen – auch Ablehnung – entstanden sind. Ungleichgewicht führt zu Deformationen der Füße und Körperformen. Man muss sich einfach die Zeit nehmen, um die Füße wahrzunehmen und das vermeintlich einfache, automatische Gehen mit einem bewussten TUN verbinden. Viele Menschen sind unglücklich aus Unwissenheit, weil ihnen die Zusammenhänge fehlen, um ihre persönliche Situation zu überblicken bei Trennungen, Familienverstrickungen, Ablehnungen, Abhängigkeiten, Krankheiten oder unpassenden Partnerbeziehungen, andere wiederum durch die Äußerlichkeit und einen falschen Selbstwert.

Die Aufgabe ist, bei sich zu schauen, sich von Kopf bis Fuß anzusehen und bewusst zu werden, was man für sich TUN kann.

Sehen und Hören in den Zehen

Die Zehen sind mit ihrem Tastsinn so etwas wie die Antennen des Fußes. Das Sehen wird durch den zweiten und dritten Zeh dargestellt, das Hören durch den vierten und fünften Zeh, und es bilden sich hier auch Ablagerungen auf bzw. unter den Zehennägeln, wenn etwas mit den Sinnesorganen nicht stimmt.

Die visuelle Wahrnehmung benötigt und erzeugt eine aktive Energie. Hier sind die Prüfungsprozesse zum Vertrauen und Glauben an sich selbst und dem Umfeld; das Schöne, das Gute sehen und fördern und die Bewegungsmöglichkeiten nutzen und trainieren ist auch bei den Füßen und Zehen eine tägliche Aufgabe.

In der heutigen, schnelllebigen und von Veränderungen geprägten Zeit gibt es viele Menschen, die geprüft sind in ihrem inneren und äußeren Vertrauen zur Selbstliebe und Selbstachtung.

Das Sehen erlaubt uns, die Umgebung anzuschauen: das innere Umfeld, mein Zuhause in mir sowie auch das äußere Umfeld. Mein Wohlgefühl mit den Menschen und mit dem Materiellen ist zu erkennen. Stimmt es mit meiner Vorstellung (zweiter Zeh) und dem Wohlfühlen (dritter Zeh) überein? Wenn ich dadurch erkannt habe, was wirklich zu mir gehört, kann ich entsprechend darauf reagieren.

Der zweite und dritte Zeh kann das Vertrauen und den Glauben als Botschaft bekunden: das, was ich gesehen, jedoch nicht gelebt, oder was ich übersehen habe. Dem entsprechend verändert sich der eine oder andere Zeh. Eine mit Wut verbundene Ablehnung einer bestimmten Person oder von etwas Materiellem zeigen diese beiden Zehen oft mit Schmerzen. Ein Ziehen oder Zucken an der Kuppe des zweiten und dritten Zeh ist dann möglich. Auch Hornhaut bildet sich und der Nagel verhornt. Interessant ist, dass sich bei manchen Menschen die Augenstärke verändert. Meistens zu Weitsichtigkeit oder Kurzsichtigkeit.

Die Prüfung der eigenen Persönlichkeit zeigt sich am zweiten Zeh mit den Themen Anerkennung, Vertrauen, Willensführung, gedankliche Vorstellung. Der dritte Zeh verdeutlicht das Wohlfühlen, mein Zuhause, Recht und Ordnung, den Glauben an das Gute in mir sowie das Verdauen der Gefühle.

Bei vielen Menschen werden Äußerlichkeiten geschaffen, um beachtet zu werden. Dieses falsche Gekünstel kann so aussehen: Werten und Schimpfen über andere, Nörgeln, Frustkäufe, viel unterwegs sein, nur noch Arbeiten, Vernachlässigung der Zeit für sich selbst. Es geht ganz einfach um die Anerkennung von außen.

Das geht so lange, bis der betroffene Mensch diese Abwendung von sich selbst satt hat. Dann erst kann diese Person in Liebe das Innen und Außen bekunden und sich über die Erfahrung und den Weg, den sie gegangen ist, freuen. Der krumme, rote, geschwollene, verdrehte, verunfallte oder verhornte Zeh hat seine

Anerkennung mit dem Thema, das vorher ungeachtet war, nun bekommen. Der längste Weg im Leben ist der Weg zur Selbstfindung und die Aufgabe ist es, in Liebe zu sich selbst zu kommen.

Der Zustand der Nägel und Zehen, wie auch deren Länge, zeigt uns die Beziehung vom Denken zum Fühlen, ob ein Zusammenspiel, ja sogar ein Miteinander, vorhanden ist.

Welche Elemente wichtig sind, zeigen die Proportionen.

Unterschiedliche Merkmale:

Ich habe in meiner Praxis Männer wie Frauen, die sehr gerade Nägel und Zehen haben, und mich fragen, warum es Menschen gibt, bei denen alles krumm und deformiert ist. Ich sage ihnen dann, dass diese Menschen nicht so leicht in eine förderliche Richtung schauen können und mit Schuldgefühlen, Schuldzuweisungen und vielen falschen Mustern beschäftigt sind. Sie leiden für sich und nicht selten auch für andere.

Menschen, die klar sind und den Wert für sich erkennen und leben, sind wohl immer wieder eine Bestätigung für die Schönheit und Gesundheit des Körpers. Die Gedanken und Gefühle im Einklang zu halten, ist eine tägliche Geste des Seins.

Eine Geschichte aus dem praktischen Leben

Ein Herr kam zur Beratung mit verhornten Nägeln am zweiten und dritten Zeh, der vierte und fünfte Zeh war verdickt und etwas krumm. Ich fragte ihn, ob er bereit sei, sein Seelenleben anzuschauen, die gesehene, gehörte und erlebte Vergangenheit zu bekunden. Ja, sagte er, er habe aufgehört, auf andere zu hören und habe seit einem Jahr seine Gedanken und Gefühle von innen angeschaut und wolle das sehen, was ihm und seinem Selbstvertrauen gut tue (zweiter Zeh verhornter Nagel, Zweifel seiner Gedanken, dritter Zeh). Viele Tränen flossen bei dem Herrn von dem Erlebten, und von dem, was er immer duldete, und viele Krankheiten und Trauer waren sein Lebensinhalt. Er sagte, die größte Anstrengung war am Anfang, den ganzen Tag mit seinen Gedanken zurechtzukommen, das Liebevolle annehmen zu können und gut von sich selbst zu denken. Das positive Denken von sich selbst, mit dem Gefühl und mit dem Herzen im Einklang zu sein, ist jetzt seine tägliche Übung. Er ist pensioniert und hat Zeit für dieses Tun und fühlt sich in Frieden mit sich und seiner geliebten Frau, wo viele Jahre nur Spannungen waren.

Im Herzen bewusst zu sein, ist die Quelle der Freude und der Gesundheit.

Der vierte und fünfte Zeh – „Hören"

Die Ohrenkrankheit

Ohrenschmerzen bei Kindern sind sehr verbreitet. Kinder hören dann etwas und verarbeiten es nicht. Sie erschrecken, aber verstehen es nicht. Somit bildet sich Ohrenflüssigkeit, die zu Schmerzen führt. Kindern Angst machen - der vierte Zeh zum fünften Zeh. Das Innere hört ein Kind noch sehr gut. Erwachsene legen oft das innere Hören wieder ab. Wie viele von uns bemühen sich bei diversen Seminaren, diesen Wert der inneren Stimme wieder zu bekommen. Deshalb gibt es so häufig Konflikte zwischen Kindern und Erwachsenen. Viele Kinder nehmen ihr Inneres wahr. Sie wissen genau, was ihnen gut tut, aber viele Erwachsene lehnen es ab. Wie viele Kinder sagen zu den Eltern: Du bist nicht wirklich da. Innen bist du woanders. Ich wünsche, dass Du ganz bei mir bist und mich so verstehst. So einige emotionale Probleme haben hier ihren Ursprung. Das zu erkennen ist wichtig, damit das Verstummen der inneren Stimme nicht geschieht. Im Alter hören manche Menschen nicht mehr gut. Andere haben aufgehört, auf sich zu hören und können das von außen her nicht mehr registrieren.

Geachtet, geliebt und anerkannt zu sein, ist ein alltägliches Bedürfnis. Um dieses Wertsein findet ein Suchen statt, ob in der Partnerschaft, Familie, am Arbeitsplatz, in Chefetagen, wo auch immer wir gehen und stehen. Anerkannt sein, ist eine hohe Energie und Kraft. Spannend ist, dass jeder davon weiß, und immer der Anfang bei sich selbst ist. Das ist wohl die Anstrengung.

Der fünfte Zeh bedeutet für jeden, sein ganz Persönliches zu leben, die Wurzel, das Gefühlsleben für die Sexualität und die Wahrnehmung von Körper, Geist und Seele. Eine gesunde Einstellung zur LIEBE. Das löst Blockaden. Der ganze Körper sowie der Gang haben ihren Rhythmus und Ausgleich.

Die Ablehnung dieser Thematik beginnt im Kopf. Deshalb ist dieser Zeh oft fast ohne Nagel, hat andere Deformationen oder Veränderungen wie Schwellungen, Schmerzen, Röte.

In meiner 20-jährigen Erfahrung mit den Füßen und dem Gesicht (Physiognomik) ist der kleine Zeh der sensibelste und am meisten betroffen von Hühneraugen, Hornhaut, Verdickungen, Rötung, Nagelmykose, zuweilen ist kein Nagel vorhanden. Viele fügen sich an diesem Zeh Verletzungen zu.

Das Gebiet der Spiritualität am großen Zeh

Die Zehen korrespondieren mit dem Gebiet des oberen Schädels: Gehirn, Gehirnrinde, Kopfhaut und dortige Blutgefäße, Epiphyse und Stirnhöhlen. Eine etwas gewagte Aussage, die im übertragenden Sinn jedoch zutrifft: „Das Gedankenleben findet auch an den Zehen statt“. Diese sind dann auch Ort der Ursache und Wirkung. Wir könnten fast sagen, Daten werden verarbeitet.

Visuell

Der große Zeh zeigt die visuellen Verhaltensbereiche des Gedächtnisses; die Konzentration und die Fähigkeit, eine Schlussfolgerung ziehen zu können. Die Zehen haben eine Organisation, um den Gedächtnisbereich sowie dessen Gedankenordnung zu lokalisieren.

Intuition, spirituell

Die Fähigkeit der Intuition und Spiritualität zeigt der große Zeh. Der Großzeh will nicht das Konkrete (zum Beispiel ein Schreibtalent oder Ähnliches) ausdrücken, sondern das Subtile, das Unbewusste, ohne zu wissen, was geschrieben wird. Die Intuition oder innere Wahrnehmung zeigt eine Kraft am großen Zeh, die genutzt werden kann. Der große Zeh nimmt bei dieser Wahrnehmung eine andere Stellung ein. Er will nach oben. Er will die Gedankeninhalte spüren und was sie aus dem Unbewussten ausführen können.

Existenz und Spiritualität

Oft höre ich die Frage: Ich weiß nicht, was mir liegt. Was hat das alles für einen Sinn? Meine Existenz ist gefährdet.

Glaube, Vertrauen und auch religiöse Fragen sind damit gemeint. Der große Zeh nimmt diese Information auf und richtet seine Stellung nach oben, als würde er in die Luft schauen. Ich konnte bei mir selbst feststellen – und viele Klienten haben mir das ebenfalls bestätigt – wenn solche Fragen kommen, ist ein leichtes Zucken am großen Zeh zu spüren. Das Gefühl, er will nicht so richtig auf der Erde sein. Er versteht es als Aufforderung, der Intuition zu folgen. So wird er dann Luftzeh, auch Jubelzeh genannt. Das hat zu tun mit Vorstellung/Phantasie; er schaut deshalb in die Luft, weil er frei sein will, unabhängig vom Körper. Die Fähigkeiten zur Spiritualität, die Sehnsucht um das Bedürfnis, welches erfüllt sein will, soll wahrgenommen werden. Bei Kindern wie bei Erwachsenen geschieht das, wenn wieder ein Bedürfnis des Weitergehens in der Entwicklung angesagt ist. Dann steht der große Zeh mehr oder weniger nach oben. Das Bedürfnis, den eigenen Weg zu gehen. Die Existenz im Beruf. Privat ist es die Suche nach Gott, das Wertsein ist ein tiefes inneres Bedürfnis. Dieses will der Zeh hiermit bekunden.

Auf der Suche nach einem Lebenssinn gehen manche einmal wieder in die Kirche, andere fangen an, zu meditieren. Die echte Meditation spüren sie am großen Zeh. Der große Zeh ist immer in Veränderung, ob vom Nagel, Hautbeschaffenheit oder seiner Form. Beim Suchen nach übersinnlichen Fragen, zum Beispiel bei Todesthemen oder bei Bedrohungen. Wenn der Gedanke von der Vorstellung zum Thema Tod und Bedrohung in Angst übergeht, ist der große Zeh kaum zu bändigen.

Der große Zeh ist gut zu fühlen. Er steht in Verbindung zum Kopf mit den Gedanken des Vertrauens. Es ist die Zone einer aufsteigenden Energie. Sobald die Existenz bedroht ist, reagiert der Zeh zum besseren Verständnis einer Lebenssituation.

Lebensbeispiel: Bedrohung einer Existenz durch Liebe
Stellen Sie sich vor, Sie sind verheiratet, gebunden und treffen einen anderen Menschen, und Sie sind tief berührt von dieser Person. Sie schauen sich gegenseitig an und es kommt zum Kontakt. Die Gewissensfrage ist sofort da. Die visuelle Information von der Luft zur Erde, von der Vorstellung zur Realität fließt. Unbewusst ist es eine Bedrohung der eigenen Existenz. Es geht ja immer um die persönliche Liebe, das sich wert sein. Durch diese Begegnung kommen Existenz- und Verlustängste, die Frage des Wertseins ist täglich gestellt, und dadurch beginnt der große Zeh, sich nach oben zu bewegen, weil die Gedanken im Geistigen hilfesuchend um das Thema kreisen.

Fußanalyse Sabrina – großer Zeh

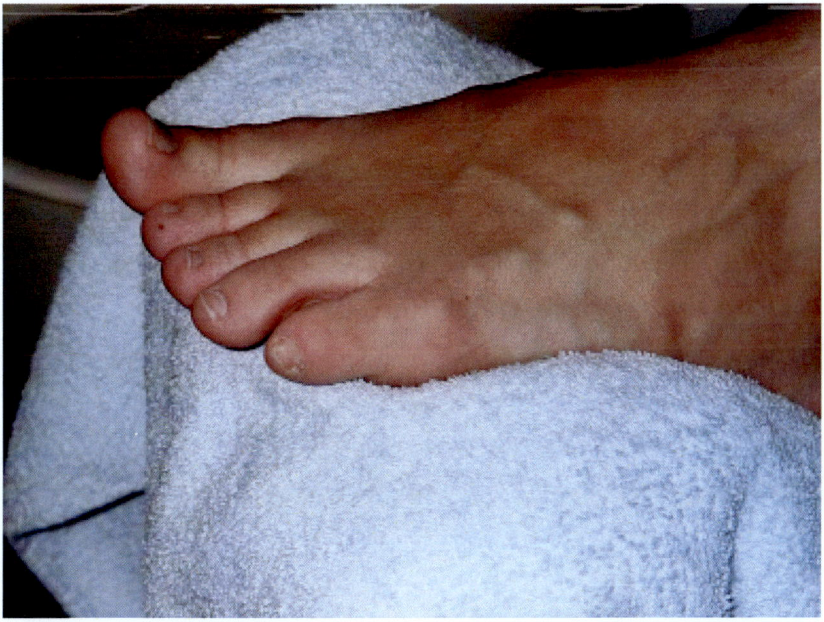

Der große Zeh zeigt auch hier nach oben und sucht die Wahrheit zu finden. Jedoch geht es um ein anderes Thema. Sie kann ihrer Spiritualität gut vertrauen. Der große Zeh zeigt bei dieser Dame den großen Wunsch nach Glauben und Vertrauen.

Sabrina ist im Empfindungsnaturell. Ihr Wunsch ist es, den geistigen Beruf mit Verantwortung auszuführen. Sie studiert Medizin und muss oft anders handeln, als sie es in ihrer Vorstellung tut. Wenn sie ihrer inneren Vorstellung folgt und vertraut, wird der Zeh wieder mehr mit der Erde in Verbindung kommen. Sie braucht für ihre Zehen eine große Konzentration, damit sie sich beim Gehen nicht überfordert. Die Zehen sind kurz, sie verliert schnell ihr Gleichgewicht beim Auftreten. Dann kommt sie mehr in die Vorstellung und braucht viel Kraft, um sich auf das Reale zu konzentrieren.

Menschen, deren Großzeh mehr nach oben steht, bei denen die Vorstellung also größer ist, haben die Möglichkeit auf ihre Spiritualität zu hören und bekommen die Information, die Sie brauchen.

Kurzanalyse „Hexe“

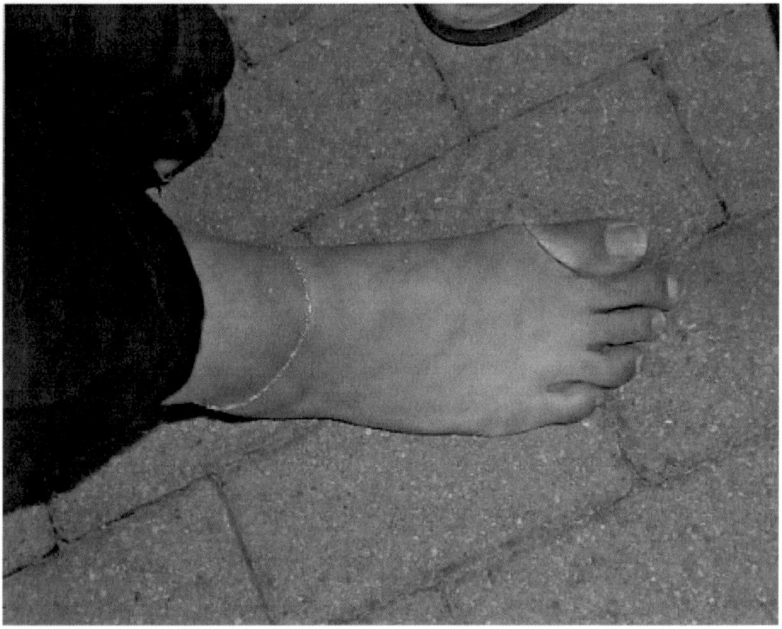

Kurzanalyse „Hexe“ (Die Fußeignerin bezeichnet sich selbst als „Hexe“, deshalb diese Formulierung.)

Der Fuß zeigt, dass die Dame eine tiefe Empfindung für ihre Mitmenschen hat. Sie ist feinfühlend und spirituell. Sie muss darauf achten, sich nicht ausnutzen zu lassen. Der Plattfuß zeigt, dass sie mit Druck von außen lernen musste. Dadurch kam Trotz auf, um ihren eigenen Willen durchzuführen. Der zweite Zeh zeigt einen starken Willen, der sie unter anderem daran erinnern will, auch für sich selbst da zu sein. Der große Zeh ist kürzer, die Energie vom Kopf fließt dadurch schnell, sie sollte bei einem Denkgebiet bleiben und die Tendenz zur Gedankensprunghaftigkeit vermeiden, denn es ist Ungeduld vorhanden. Vieles soll sofort geschehen und oft auch vieles gleichzeitig, was wohl theoretisch, jedoch praktisch kaum möglich ist. Die Falte am großen Zeh verrät ihre Tiefe der Wahrnehmungsfähigkeit. Sie ist ca. 5mm lang und wurde zur Verdeutlichung mit Kugelschreiber nachgezogen. Mit Magie sollte sie vorsichtig sein. Wissen ist notwendig und sehr hilfreich. Sie kann mit ihrem spirituellen Wissen auch vielen Unwissenden helfen. Diese spirituell veranlagte Dame kann das hervorragend umsetzen. Doch es birgt auch Gefahren für sie selbst, wenn sie ihre eigenen Grenzen nicht klar definiert.

Starke Gefühlsempfindungen zeigt der kleine fünfte Zeh. Es gäbe noch viel zu lesen. Folgende Anregungen sind möglich: das TUN für den Plattfuß; den Willen in Einklang mit den Gefühlen fließen lassen; reale Gedanken fördern; luftgepolsterte Schuhe tragen; Schuhe nach dem zweiten Zeh kaufen. Ich wünsche ihr alles Gute und viel Freude.

Fußanalyse Deborah

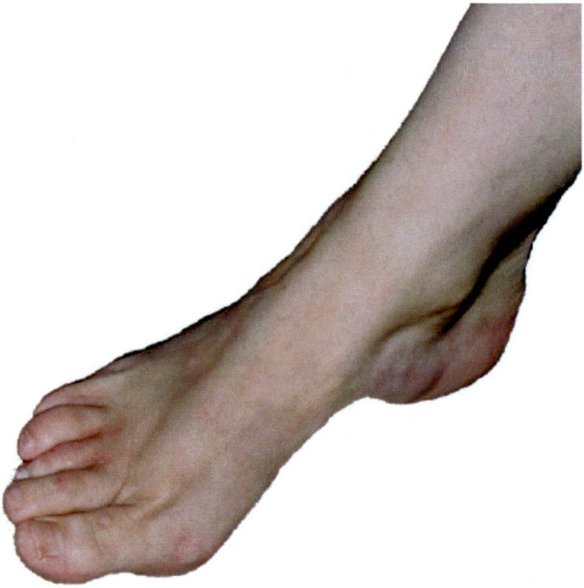

Dieses Foto zeigt einen gut geformten, anliegenden Fuß. Die Zehenstellung ist in einem harmonischen Verhältnis zur Länge geformt. Dennoch sind ihr Herkunftszuhause wie auch das jetzige Umfeld belastend für die Dame.

Der seelische Druck vom Umfeld her war zu viel. Die Haut ist gereizt und rot, also verdrängte Wut, die in der Opferrolle gelebt wird. Sie fühlt sich mit ihrer Feinheit und weichen Od nicht anerkannt und nicht Zuhause. Deshalb will sich der dritte Zeh verstecken, um die Themen von Herkunft und Zuhause nicht anschauen zu müssen. Ihre Fähigkeiten; das feine Gemüt, der Glaube, die praktischen Geschicklichkeiten, die sozialen Anlagen, was auch in Verbindung mit diesem Zeh steht, bleiben dadurch in der Zurückhaltung. Sie ist durch diese Unterordnung sehr anfällig dafür, ausgenutzt zu werden oder in Abhängigkeiten zu geraten. Der Fuß hat noch zu wenig Spannung. Das Thema vom dritten

Zeh darf in die Spannung gehen. Meine Empfehlung, um sich schneller wohl zu fühlen und den Selbstwert schneller zu bekommen ist: tägliche Spaziergänge mit richtigem Gehen, d.h. die Ferse aufsetzen, über die Außenkante und den Großzeh abrollen und über den Ballen zurück. Das reinigt die Gedanken. Schöne Gedanken an gute Erlebnisse können sich dann entfalten. Das Fußbad mit Salz abends nicht zu vergessen, sowie eine Fußmassage, damit die Energie durch den ganzen Körper fließt. Entscheidungen können wieder getroffen werden, wenn jemand sich mit den eigenen Fehlern anerkennt.

Fußanalyse von Nadia – Thema: Eigene Wege gehen

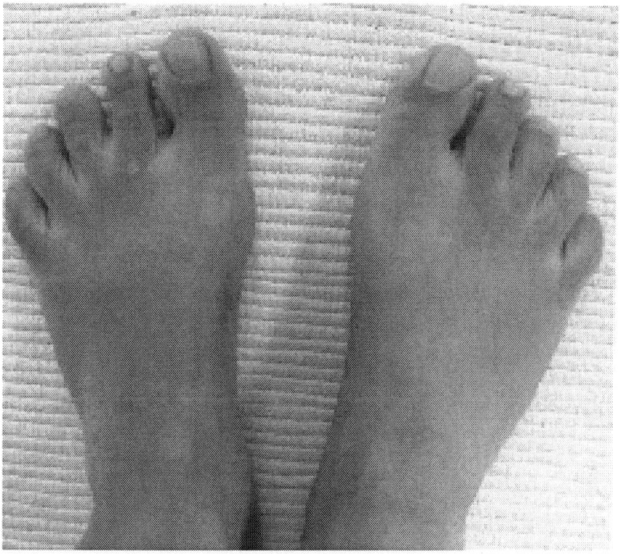

Die Füße zeigen mehr das Empfindungs-Bewegungs-Naturell mit Anklang an Ernährung. Die Empfindung ist erkennbar an der Strahlung und der feinen Hautstruktur, die Spannung mit der Festigkeit zeigt die gute Bewegungsenergie, die Breite des Fußes mit den Rundungen weist auf eine versteckte, ergänzende

Ernährungsanlage hin. Der große Zeh geht in Führung, was wiederum die Selbstständigkeit und Unabhängigkeit ausdrücken will.

Der Gesamteindruck des Fußes zeigt Festigkeit und eine gute Strahlung – von einer tiefen Liebe beseelt. Die schön-geformten Nägel geben die Klarheit kund.

Am Mittelfuß sehen wir eine gute, breite Form, in der die bildhafte Vorstellung beheimatet ist. Das Fußgewölbe gibt uns die Information über die gesammelten und erlebten Lebensbilder. Nadia hat eine klare Vorstellungsgabe und kann sich mit der Wahrnehmung das vorstellen, was jetzt und in der Zukunft sein kann. Mit der Breite des Fußes ist es Nadia immer wieder möglich, ihre Wahrnehmungen durchzusetzen. Sie steht fest auf ihren Füßen. So kann Nadia sich gut mit der Erde verbinden und bekommt die Bilder in den Kopf,denn ich sehe die Füße in einer spirituellen Verbindung zum ganzen Wahrnehmen.

Die Zehen sind im Verhältnis zum Fuß etwas kurz, das heißt, dass die Körperkräfte nicht überfordert werden sollen. Nadia sollte sich immer wieder auf eine Zurückhaltung einstellen. Bei Überforderung von ausdauernder Bewegung stellt sich Müdigkeit ein, und am Vorfuß entstehen Spannungen bis hin zu leichten Schmerzen.

Die Psyche der Zehen: Am großen Zeh ist eine klare Denkanlage vorhanden, die Nagelplatte deutet auf gute Denkfähigkeit hin. Nadia setzt sich mit positiven Denken auseinander. Sie weiß genau, was Sprache und Worte bedeuten.

An der Zehenkuppe, im Besonderen am Großzeh sehen wir, dass ihr Redeausdruck bestimmt und klar ist. Sie macht nicht zu viele Worte, sie will auf keinen Fall etwas Reden, was nicht der Wahrheit entspricht. Ehrlichkeit und Zuverlässigkeit ist ihr von Herzen wichtig. Die Lücke zwischen dem Großzeh und dem zweiten Zeh gibt uns kund, dass jegliche Entscheidungen sehr durchdacht werden, damit kein Durcheinander entsteht. An der

Wurzel am Großzeh ist zunächst zu sehen, dass Nadia kein Wunschkind war. Der zweite Zeh zeigt den guten Willen, gepaart mit einer guten Konzentrationsfähigkeit. Der dritte Zeh ist der Zuhause-Zeh, da gab es Unterbrechungen. Er zeigt den starken Gerechtigkeits- und Ordnungssinn. Ihr Einsatz ist unermüdlich. Mit dieser Persönlichkeit übt sie für sich selbst immer wieder Zurückhaltung. Nadia setzt sich mehr in Form von Leistungen ein und stellt ihre eigene Person zurück – erkennbar am starken Fußrücken. Die beiden vierten Zehen haben mit Herkunft und Kreativität zu tun. Der rechte, vierte Zeh zeigt die Thematiken im Zusammenhang mit dem Vater und der linke ebensolche mit der Mutter und dem Weiblichen.

Es sind Trennungsschmerzen da – erkennbar am leichten Hallux valgus, am linken Zehengroßgrundgelenk. Leichte Krümmungen am linken vierten Zeh und an den kleinen Zehen zeigen die Enttäuschungen, die nicht spurlos vorüber gingen. An den kleinen Zehen, die etwas füllig und zurückgezogen sind, sehen wir, dass sie ihren Selbstwert zurückstellt.

Die vierten Zehen sind zu vergleichen mit den Ringfingern, oder ich nenne sie auch Ehezehen. Sie zeigen die Beziehungen und das kreative Gestalten. Nadia zeigt in Beziehungen, dass sie sich gerne für die Menschen einsetzt. Nadia gelingt es durch die Wahrnehmungen. Mit diesen Füßen von Geradlinigkeit, Willen, Vertrauen, Achtung und mit einem liebenden Herzen kann Nadja immer wieder ihre eigenen Wege gehen.

Empfehlungen für Nadja: Die Leichtigkeit auch für sich selbst leben, zum Beispiel zweimal wöchentlich Fußbäder (oder öfter), diese helfen für eine gute Durchblutung und machen Freude.

Wünsche, Aggression, Zustimmung und Liebe: ein Ehepaar

Ausgelebte Aggression kann mit Zustimmung verarbeitet werden, bis es zur Anerkennung kommt, dann erfolgt das Gefühl der Liebe. Auch die Füße zeigen bei Paaren die Harmonie und das Leben miteinander.

Wenn ein Ehepaar durch das Leben geht, zeigt sich an den Zehen, ob sie den Weg miteinander in Gedanken und Gefühlen gegangen sind.

Grundbetrachtung bei einem Paar über die Füße und Zehen ist: Ob sie vom Stand aus die gleiche Ausdauer zum Gehen, Stehen haben.

Ob sich die Länge und Form der Zehen ergänzen, um den Zustand der Gedanken und Gefühle zu erkennen.

Ist ein Zeh krumm oder anderweitig deformiert, besteht die Möglichkeit zu bekunden, mit welchem Organ und der entsprechenden Art von Gedanken die Gesundheit oder die Psyche belastet ist. Eine Unstimmigkeit oder alte Muster können viel schneller behoben werden. Das Zehenlesen ist wunderbar.

Es gibt Ehepaare oder Partnerschaften, Beziehungen, wo die Anpassungsfähigkeit/Ergänzung bis zum Kniegelenk harmoniert. Die Füße sind jedoch von so großem Unterschied, dass Probleme wie Benachteiligungsgefühle, falsche Erwartungshaltungen auftreten. Sei es, dass ein Partner mehr Kraft an den Zehen und der Fußmuskulatur hat. Somit kann dieser Partner ausdauernder, trotz eventuell zartem Körper, gehen. Hat jemand seine Muster verarbeitet und der andere beginnt erst, da kann und muss man gucken, wie jeder von Kopf bis Fuß veranlagt ist, damit Anerkennung und Liebe gelingt.

In einer Ehe oder Partnerschaft ist bei beiden die Übereinstimmung von Wünschen, die beide betreffen, wichtig.

Der zweite Zeh gibt die Information, ob der Wunsch gelebt und verstanden wird. Wird Leichtigkeit gelebt, kann die Übereinstimmung für sich und die Partnerin bzw. den Partner wieder gelingen.

Der dritte Zeh - von ihm können Aggression, Wut, Verletzungen, der Umgang mit Angst und ob dies von jedem anerkannt oder verziehen ist, gut abgelesen werden.

Der fünfte, kleine Zeh - die Entwicklung von Zustimmung, Liebe und Vertrauen und der Umgang miteinander zeigt dieser Zeh bei Mann und Frau. Wir können es in Form von Strahlung, Nagelwuchs und Spannung erkennen.

Im folgenden sind die Füße eines Ehepaares abgebildet, mit einer Kurzanalyse zum Lernen.

Ehepartner (Herrenfuß)

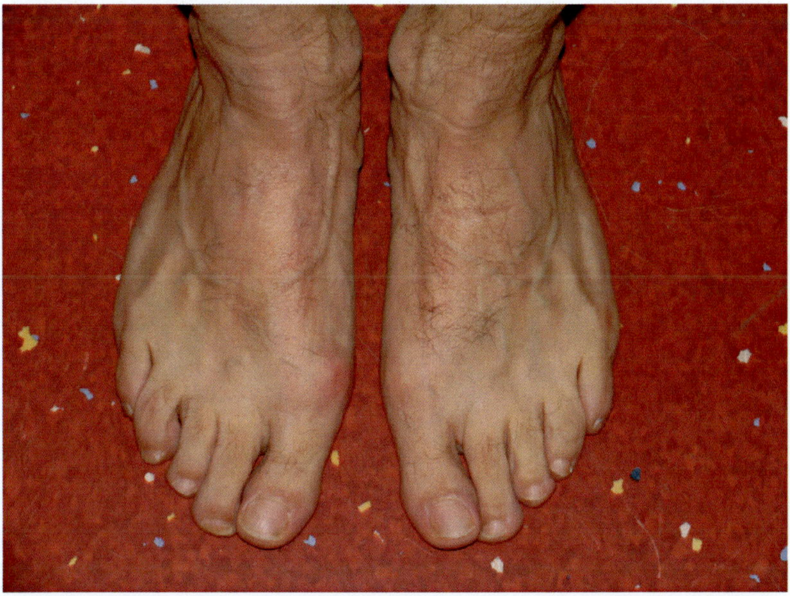

Naturell: Empfindung-Ernährung mit guter Kraft der Bewegung. Das Gesicht entspricht der Empfindung und Ernährung. Der Körper zeigt gute Spannkraft von Bewegung mit Magnetismus und Od. Der Fuß - Bewegung-Ernährung - er kann gut stehen und gehen. Breiter Mittelfuß - sehr gute Ausdauer. An der Haut und Zehenform ist das Feingefühl gut erkennbar.

Der große Zeh ist mit der Erde stark verbunden – reale Gedankenkraft und Willensgedanken. Die Zehenkuppe des Großzehs verrät, dass er gefühlvoll im Redeausdruck ist.

Der zweite Zeh ist verdreht nach innen und zeigt den Wunsch, es sich und vor allem den andern gegenüber recht zu machen. Der Herr hat eine Änderung im Denken vollzogen. Die Energie fließt von seinen inneren Gedankenswünschen nach außen. Durch die Lücke muss sich das Gefühl mit dem Verstand verbinden und deshalb fließen die zwei Energien etwas langsamer.

Der rechte dritte Zeh lehnt sich an den zweiten an, um Halt zu finden. Das zeigt, dass dieser Herr durch viele Kränkungen ging. Die Aggressionen, Wut, Verletzungen von außen zu ertragen, war für ihn heftig. Halt und Anerkennung waren nicht ausgeglichen. Die Sucht nach Achtung, anerkannt und geliebt zu sein; damit ging er auf die Suche und geriet in eine Sucht.

Am vierten Zeh sind Ablehnungen aus der männlichen Energie erkennbar. Der Zeh ist gebeugt und zudem erhöht.

Der fünfte, kleine Zeh zeigt, dass er nie aufgehört hat, nach Liebe zu suchen. In seinem Inneren ist er verankert. Er konnte diese Sucht aufheben, weil er den Glauben und das Vertrauen zum Guten nie aufgegeben hat. Die Spannung am kleinen Zeh zeigt diese Energie. Es ist auch der Partnerzeh/Familienzeh, das ist für ihn eine Grundvoraussetzung, zu seiner Frau zu stehen und sich für sie einzusetzen.

Die Ehepartnerin (Damenfuß)

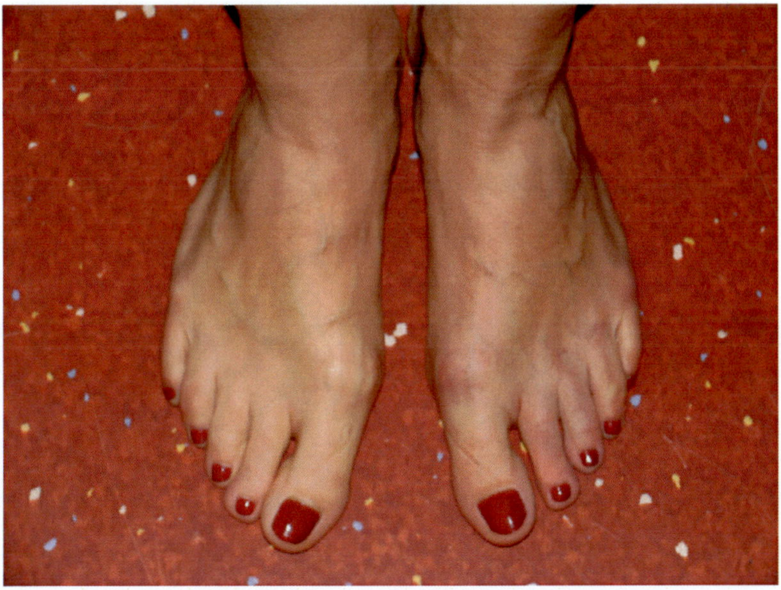

Naturell: Fuß im Empfindungs-Bewegungsnaturell, wie auch das Gesicht und der Körperbau zeigen. Die Füße passen bei beiden Partnern zum Gesicht und Körperbau.

Die Frau gleicht ihren Mann mit der magnetischen Energie und mit Liebe aus. Das, obwohl der fünfte, kleine Zeh von den Gefühlen her in der Zurückhaltung ist. Er ist fein und braucht Schönheit – diese Gedanken (Partnerzeh), dazu zu stehen, sind auch ihre Gefühle. Nicht das Aufgeben, wie bei ihrem Mann.

Der große Zeh vermittelt ihre Selbstständigkeit. Sie braucht persönlichen Freiraum. Die gestaute Energie, seitlich am Großzeh, was sich auch bei Ihrem Mann zeigt, kann sie über das klare Denken erfassen und abbauen. Alles wird gründlich besprochen und bedacht, so dass die Strahlung und die schöne Form erhalten bleibt und die Stauung bei ihr kaum sichtbar ist.

Der zweite Zeh ist gerade, lang und in Spannung – der Wunsch, verstanden zu sein, ist bei ihr in gradliniger Haltung gebändigt. Sie setzt es mit dem Verstandeswillen um. Ihre Gabe ist auch die große Hilfsbereitschaft, der Wunsch, dass es den Menschen, der Familie gut geht, auch denen in ihrem Umfeld (an der guten Strahlung und Form des vierten Zehs zu erkennen). Sie setzt sich mit Geradlinigkeit und Konsequenz ein. Das tut ihrem Mann gut, da er das soziale sowie das reale Denken und entsprechendes Empfinden hat.

Der 3. Zeh zeigt, dass sie viele Gefühlsentbehrungen ertrug, rechts fehlt Bodenkontakt. Ihre Aggression und Umgang mit der Wut, das bewältigt sie mit Gradlinigkeit, dem geistigen Willen und Einsatz. Sie kann ihrem Mann gut beistehen, weil er durch seine Emotionen weicher reagiert.

Fußanalyse von Susanne

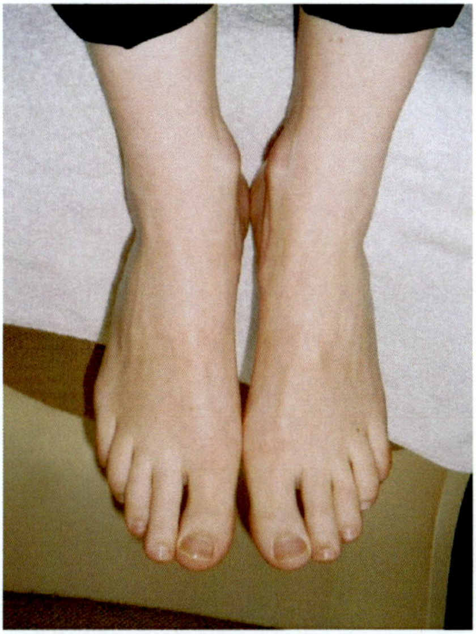

Hier haben wir eine geordnete Persönlichkeit, die ihre Prüfungen „bestanden" und ihr Leben in den Griff bekommen hat. Susanne hat tiefe Ablehnungen vom Vater erfahren. Sie war kein gewolltes Kind. Den Vater lernte sie nie kennen, da die Mutter ihr den angeblichen Schmerz ersparen wollte, dass sie der Vater nicht wollte. Die innere Zurückhaltung zeigt der vierte Zeh rechts, der Herkunftszeh von der Vaterseite; dieser Zeh will sich unterordnen.

Wie schon im entsprechenden Kapitel ausführlich geschildert, hat der Hallux-valgus eine Ursache im Seelischen. Trennungsschmerzen, sei es durch Tod oder sonstige Trennungen, werden von vielen Menschen schwer verarbeitet. Viele Menschen fühlen sich als Opfer, dadurch entsteht bei der Muskelspannung ein Ungleichgewicht, eine VERSpannung, die Beweglichkeit wird vernachlässigt. Die angelegten Funktionen sollten täglich geübt werden, zum Beispiel die Zehenbeweglichkeit, das Beugen, Strecken, Anziehen, Abziehen und – wichtig – das Spreizen.

Fußanalyse Ria

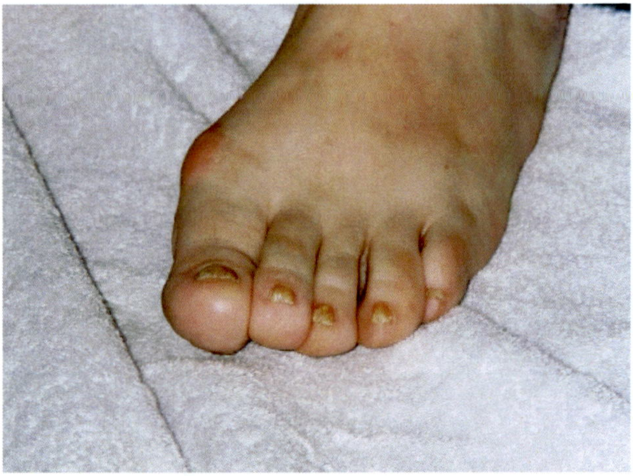

Der Fuß ist im Bewegungs-Empfindungs-Naturell.
Der Fuß zeigt, dass Ria seelisch sehr stark gelitten hat. Sie ordnete sich ihren Mitmenschen unter, mit der Hilfsbereitschaft war sie mehr für andere da als für sich selbst. Die Opferrolle entstand aus einer mitgebrachten seelischen Belastung.

Es gibt beim Wuchs des Hallux-Ballens unterschiedliche Wirkungen. Bei manchen Menschen ist der Hallux durch Erbanlagen mitgebracht und schmerzt kaum oder gar nicht. Bei anderen Menschen treten plötzlich Schmerzen am Zehengroßgrundgelenk auf, zum Beispiel durch den Verlust eines lieben Menschen oder anderen Trennungsschmerzen, oder nach einem Schock. Manchmal wächst er sehr schnell, je nachdem, wie mit den Gedanken, Gefühlen und Schmerzen im Herzen und der Seele umgegangen wird. Findet innen und außen Ablehnung statt?

Bei diesem Fuß sehen wir auch das Zurückziehen der Zehen. Das deutet auf Ängste und Zurückhaltung der eigenen Persönlichkeit. Die Muskulatur reagiert auch hier auf Gedanken, die mit den Gefühlen nicht in Verbindung stehen und zeigt sich als Deformation oder Muskelschmerz.
Freuen Sie sich, Ihren Füssen wieder auf die Sprünge zu helfen.

Fußanalyse Caroline

Der große Zeh und das Zehengroßgrundgelenk

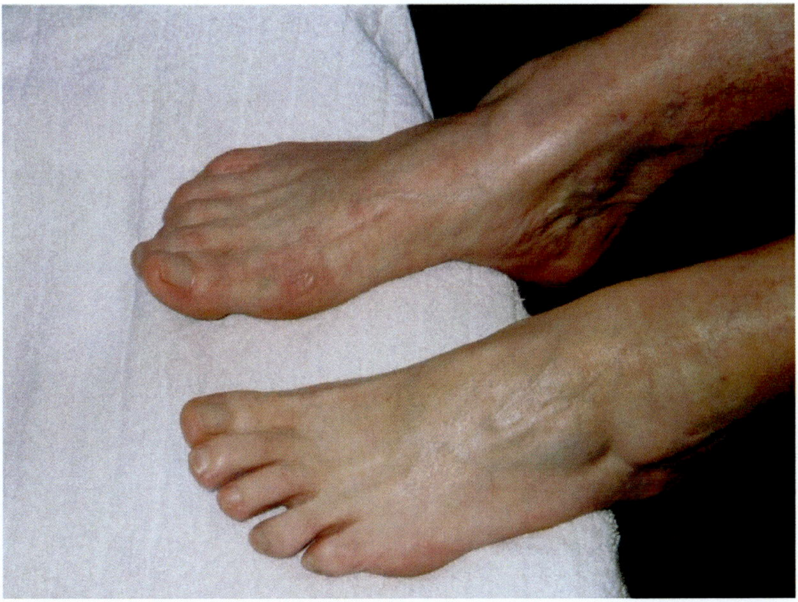

Kurze Analyse des Bildes: Der Ausdruck dieses Damenfußes zeigt, dass sie im Empfindungs-Bewegungsnaturell liegt. Der große Zeh steht nach oben. Man erkennt daran, dass die ethische Vorstellung, verbunden mit Phantasie, schön angelegt ist. Ihr Talent liegt damit im sozialen, wohlwollenden und fürsorglichen Bereich. Die Gedanken der Vorstellung sind stärker als der Wille. An den zweiten Zehen kann man den Willen und die Durchsetzungskraft erkennen. Da hier beide hängend sind, fehlt ihr im Moment der Wille zum Handeln und Durchsetzen.

Die Dame ist im Moment im Umbruch und dabei, sich selbst zu erkennen. Sie sollte ihre Talente leben und ihre persönlichen Werte anerkennen.

Der große Zeh zeigt an der Kuppe den Redeausdruck und die

Mitteilungsfähigkeit. An der Mitte des Großzehs ist eine Vertiefung, wie ein Knick zu erkennen. Caroline hat eine Ablehnung und Unterbrechung in ihrem Lernweg erfahren (sie konnte ihre Schule nicht beenden) und ist deshalb im Redeausdruck blockiert.

Das Muskelgleichgewicht wird gestört durch Ablehnungen, und wenn der eigene Wille zurückgestellt ist. Dadurch entstehen Deformationen an den Füssen.

Wenn das Denken und Fühlen nicht im Gleichklang sind, gibt es Veränderungen an den Zehen. Der Wille und das Wollen müssen täglich gelebt werden.

Bei diesem Fuß ist der Hallux-Valgus-Ballen am Zehengroßgrundgelenk schon leicht in der Deformation. Durch die Analyse und das Bewusstwerden der seelischen Ursachen konnte sie ihre Zehen wieder gerade bringen. Ihr tägliches Trainieren mit dem Fußroller, die Zehenbeweglichkeit und das richtige Gehen, führten bei Caroline wieder zum Wohlbefinden. Der beste Weg zur Gesundheit ist der Fußweg – ein guter Gehvorgang sorgt für das Wohlbefinden in Körper, Geist und Seele.

Füße - die Energiemuster

Die Gewohnheiten

Ein Energiemuster kommt aufgrund eines chronischen Ungleichgewichtes zustande. Die Muskulatur der Füße zeigt es uns. Menschen, die verschiedene Stadien von Ungleichgewicht leben, spüren die Harmonie von sich zu wenig. Zum Beispiel die Erkenntnis, die Erlebnisse im Zusammenhang zu verstehen. Ihr Verhalten ist mit Widerstand und Nörgeln verbunden. Ihre Worte sind: „Die meisten verstehen mich nicht, weil sie ja unintelligent sind.“ Solche Menschen leben schon lange mit Blockaden und akzeptieren sie als Teil der Persönlichkeit.

Sie verstehen sich sehr wissensreich auszudrücken und können sich freundlich zeigen. Aber nach jeder Begegnung, jedem Gespräch wird wieder genörgelt.

Eine körperliche, geistige Überforderung wird dadurch gelebt. Die Beziehungen laufen einseitig - sie nehmen mehr vom Partner/der Partnerin, als sie zu geben haben. Diese Menschen leiden von jung an unter Angst und bilden als Dauermuster, dass sie verlieren könnten. Die Körperhaltung, die Anspannung von innerer Zurückhaltung, die Bewegung, die Art der Atmung wirkt auf die Organe, den Körper und die Muskulatur der Füße.

Eine Veränderung der Füße ist dadurch gegeben. Jede Disharmonie zeigt Signale am Körper/Fuß. Dadurch entwickeln sich Funktionsstörungen und Symptome, die Beweglichkeit der Zehenmuskulatur vermindert sich. Das familiäre und genetische Erbe ist zu erkunden.

Oft wiederholt sich ein bestimmtes Ungleichgewicht aus der Familie immer wieder. Die Fußanalyse erlaubt es, viele Manifestationen von genetischen und familiären Erbfolgen zu betrachten. Eine Gewohnheit ist ein wiederholtes Verhaltensmuster in der Familie durch ein chronisches Ungleichgewicht. Sei es, dass das Männliche und Weibliche nicht gleich gut anerkannt ist - es gibt enorm viele Möglichkeiten, die bei jedem Menschen individuell sind.

Ebenso gibt es viele Süchte – das Suchen nach sich. Ein Satz, der oft zutreffend ist: „Ich habe dich gesucht und mich dabei gefunden“. Es kommt darauf an, in welchem Umfang es gebraucht wird: gut angesehen, geliebt und anerkannt zu werden und andererseits mit unvermeidlichen Ablehnungen fertig zu werden.
Auf die Bewegung von Körper und Füßen ist sehr zu achten, um diese Gewohnheiten zu entdecken. Jede Bewegung, jede Körperhaltung, die einseitig über längere Zeit gemacht wird, führt zu Veränderungen am Fuß und am Körper und zeigt sich auch als Muskelverspannung. Die verspannte Muskelgruppe verliert ihren Tonus, weil sie zu viel oder zu wenig arbeitet. Im Zusammenhang

mit diesen Gewohnheiten, hier eine kurze Fußanalyse zum besseren Verständnis.

Bei einer Fußanalyse gehe ich meist wie folgt vor:

1. Den Fuß anschauen, wie er auf dem Boden aufliegt.

2. Spannung der Haut, Zehen und Sehnen betrachten.

3. Zehenstellung

4. Knochen und Muskulatur abtasten, fühlen und die Fußsohle am Ballen nach oben drücken, um die Beweglichkeit festzustellen.

Ich empfehle meinen lieben Lesern und Leserinnen ein schönes, liebevolles Betrachten Ihrer Füße, um in die Übung des Lesens zu kommen. Gesichter können wir immer sehen, Füße leider nicht.

Ein Herrenfuß mit seinen Gewohnheiten

Der Herr ist im Empfindungs-Bewegungsnaturell. Die Füße entsprechen von der Muskulatur und Kraft her mehr der Bewegung, der Körperbau ist mehr in der Empfindung. Die Schultern sind schmal, die Beine sind lang.

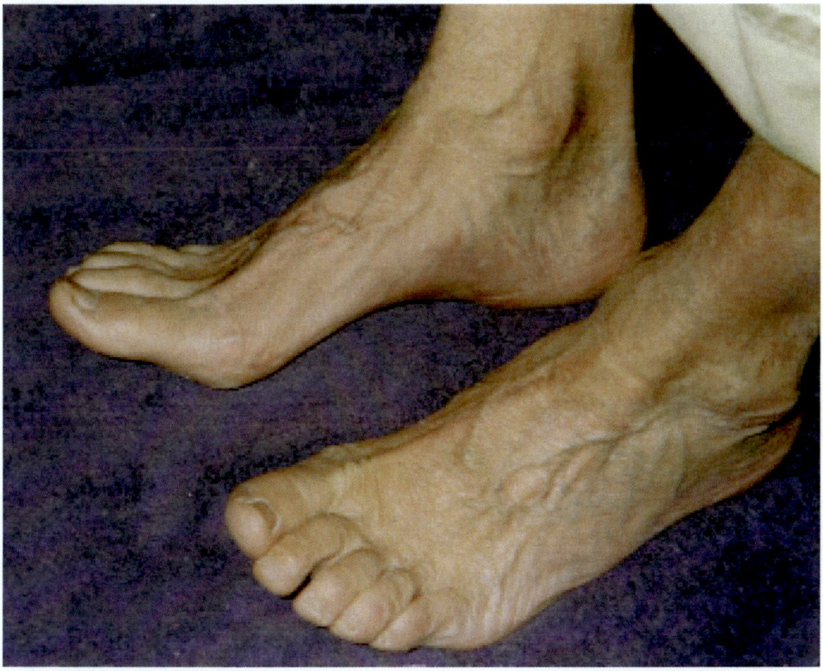

Zuerst schaue ich den Fuß an, wie er auf dem Boden aufliegt. Dieser Fuß zeigt auf dem Bild beim Auftreten das Ungleichgewicht. Fußgewölbe und Spanner rechts und links sind unterschiedlich. Das Geben und Nehmen von sich zum Körper, wie die Bewegungsabläufe, sind ungleich. Das heißt, Gefühle wurden schon von Kindheit an mit Druck erlebt. Der Verstand ist im Vordergrund. Der Mann hat Verlustängste. Die Angst, zu verlieren, wirkte sich später auf Materielles aus. Zuerst waren es die Gefühle. Das Festhalten von alten Mustern ist unbewusst. Füße und Körperhaltung sind gekrümmt. Die Schultern fallen nach vorne. Verspannungen am Trapezmuskel wie am Nacken sind die Folge.

Nun betrachte ich die Spannung der Haut, Zehen und Sehnen. Die Haut und die Sehnen sind unruhig. Widerstand, verbunden mit Ablehnung, wird mehr gelebt. Es fehlen ihm die täglichen Regelmäßigkeiten: Schlafen, Essen, Ruhe, Bewegung - alles ist unregelmäßig. Dadurch werden Entscheidungen lange verzögert. Die Sehnen treten stark nach außen. Es ist die Sehnsucht nach

Veränderung, die Suche nach Neuem. Den Teil, den er ablehnt, sucht er.

Die Zehenstellung zeigt Zurückhaltung, Verdrängung der Gefühle. Verantwortung zu leben und zu nehmen macht ihm Angst. Er hat wunderbare Fähigkeiten in Sprache, Technik, Natur. Mit Freude sollte er diese Werte leben. Sein Freiraum, den er braucht, mit einer gewissen Unabhängigkeit, muss gelebt sein. Da sich seine Zehen wie eine Kralle einziehen, geht er von seinen Stärken zurück. Seine dritten und vierten Zehen geben Auskünfte über das Zuhause. Er ist noch immer auf der Suche, es zu finden. Mein Rat ist hier, Frieden mit sich und der Vergangenheit zu schließen. Die Gewohnheiten des Gehens, eine aufrechte Haltung ist wichtig. Das bewusste Aufrichten von Innen ist für ihn erforderlich.
Ich wünsche ihm von Herzen Freude, Liebe für sich und das Umfeld, und Gottvertrauen. Damit das kraftvolle Auftreten mit den Füßen gelingt: abrollen mit den großen Zehen und positive Gedanken. Das Leben ist ein wunderschöner Weg.

Trennung – Liebe – Rückblick

Liebe ist dort, wo das innere Gleichgewicht herrscht.

Liebe reagiert auf die Ruhe und die Beziehung zu sich selbst. Am Fuß erkennen wir die Liebe zu sich selbst, wenn an der Fußsohle die Herzlinie in Verbindung mit den Gedanken (Zehen) und Gefühlen (Ballen = Wollen) steht. Das ist erkennbar an folgenden Zeichen:

Die Fußsohle hat viele kleine Linien, das zeigt Trennungen an. Sind Trennungen gut verarbeitet, ist das daran erkennbar, dass die Selbstliebe stimmig ist. Das zeigt sich wie folgt:

1. Die Hautbeschaffenheit ist hell und mit Helioda durchstrahlt.

2. Die Zehen sind gerade.

3. Der Fuß ist in allen drei Teilen ausgeglichen (Vorfuß, Mittelfuß, Ferse)

4. Das Zehengroßgrundgelenk ist gerade, kein Hallux valgus.

5. Zehenbeweglichkeit und Spreizfähigkeit sind vorhanden.

6. Der Gang erfolgt in der Dreierteilung.

7. Eine freudige Verbindung besteht zum Herzen (die Sesambeinchen sitzen am rechten Fleck)

Liebe ist wie ein Licht, das alle Farben vom Braun und Grün der Erde bis hin zum Weiß der Wolken enthält.

Die Farben durchströmen den ganzen Körper, und kein Element ist vorrangig.

Liebe ist nicht mehr abhängig von irgendeinem Menschen, Materiellem oder Sonstigem.

Der Körper/Leib ist mit den Gedanken und Gefühlen im Einklang. Alles, was krank machte und auf die Psyche drückte, ist überwunden. Liebe ist auch eine Begegnung mit der Kraft. Das Bewusstwerden wird aktiv.

Liebe ist eine Bereitschaft, die Gefühle in voller Tiefe zu erleben.

Liebe braucht einen starken Willen.

Der Wille braucht Raum, damit der Selbstwert gelebt werden kann.

Liebe ist dynamisch. Liebe ist eine Begegnung mit Geben und Nehmen. Liebe ist die Akzeptanz, Schmerzen anzunehmen, damit Heilung und Freude in Gang kommen. Liebe läuft nicht davon. Liebe zu den Füßen heißt, die Füße mit den Gedanken und

Gefühlen wahrzunehmen. Liebe gelingt mir, wenn ich mich selbst als liebenswert sehe. Die Leser und Leserinnen dieses Buches können mit dem Wort oder Begriff Liebe vielleicht selbst noch vieles entdecken.

Menschen, die mit Menschen zu tun haben, werden immer spüren, dass es ohne Liebe nicht möglich ist, beratend oder helfend, heilend tätig zu sein.

Ich spüre bei jeder Beratung, ganz besonders, wenn ich die Füße in meine Hände lege, wie der Klient auf meine Haltung reagiert. Wenn ich in meiner Mitte, also der Liebe bin, das Vertrauen aufnehme und so die liebende Kraft fließt, dann ist es oft wie ein Wunder, wie sich der Klient sehr wohl fühlt. Die Sitzung gelingt nun mit meinem Gleichgewicht und der Liebe; ich sage auch mit Gottvertrauen. Der Klient hört auf die Worte, die ich spreche, er oder sie hört genau hin, und der Erfolg ist gegeben.

Akzeptanz, Selbstliebe, Glaube, Vertrauen mit Gottesachtung ist wohl das Geheimnis für den guten Berater. Mit Dank und Segen sollte der Berater schließen: «Und ich wünsche Ihnen ganzheitliches Wohlergehen, Licht und Liebe begleiten Sie. Danke!»

Fußanalyse von Siglinde

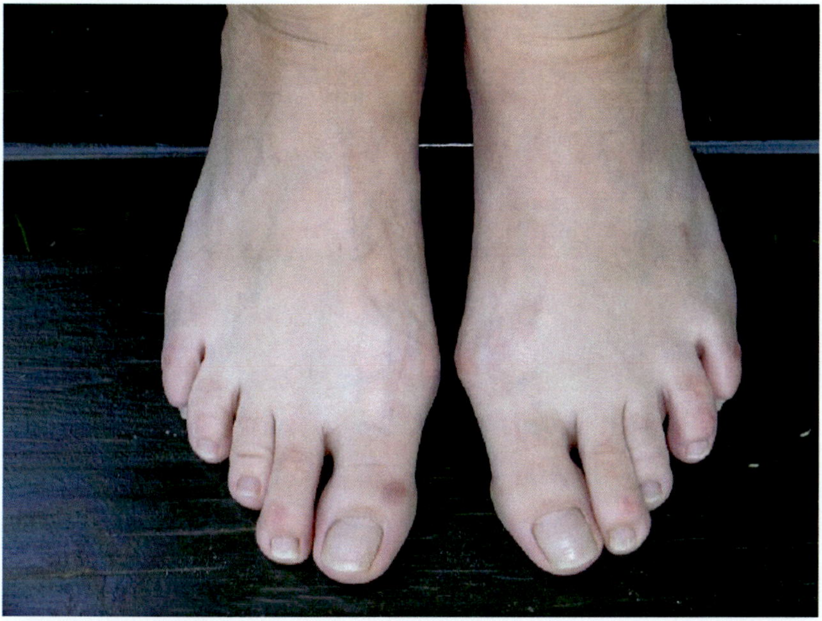

Siglinde wurde mit einigen Erlebnissen konfrontiert. Der linke Fuß zeigt den Rückblick auf ein bestimmtes Erlebnis.

Der zweite Zeh ist der «Rückblick-Zeh»: Hier weicht er von der geraden Form ab und zeigt eine Neigung zum großen Zeh.
Der rechte Fuß zeigt Trennungslinien auf dem dritten Zeh in verdickter Form.

Der dritte Zeh ist der «Zuhausezeh», links für das innere und rechts für das äußere Zuhause, links mit Rückblick auf das Vergangene. Es ist auch der «Schicksalszeh».

Trennungslinien zeigt auch die Fußsohle (Reflexzone des Herzens). Trennungslinien sind schon bei Säuglingen an der Fußsohle erkennbar.

Hierzu eine kleine Erläuterung: Das ganze Leben ist von Trennungen begleitet – durch Geburt, Kindergarten, Schule, evtl. Trennung der Eltern, Krankenhaus, Beruf, Liebe, Ehe, Ortswechsel, Freunde, Enttäuschungen, Tod.

Trennungsschmerzen führen zu körperlichen Schmerzen und zu Deformationen der Füße.

Trennungsschmerzen werden uns auch von einem leichten Hallux-valgus gezeigt (Ballen links und rechts am Zehengroßgrundgelenk). Die Röte am Fuß zeigt die Gefühle von Wut über sich selbst.

Der fünfte Zeh: «Liebeszeh» oder auch «Vertrauenszeh» genannt.

Siglinde sieht jugendlich aus, sie steht fest auf der Erde, und geht Schritt für Schritt ihren Weg.

Der gesamte Fuß ist bei Siglinde noch angespannt. Rückblickend schaut sie die Trennung von einem lieben Menschen an. Der Druck und die Spannung über ihr Erlebtes sind noch spürbar. Durch ihr gradliniges und ehrliches Verhalten ist es ihr möglich (Zehen von der Wurzel gerade), sich von dem Druck und den Vorwürfen zu befreien. Es ist ihr ein tiefes Bedürfnis, mit ihrer Treue, Anerkennung und Achtung den Umgang mit Menschen zu pflegen. Ihre Gedankentiefe ist in Verbundenheit mit Ereignissen vor vielen Jahren. Sie hat dadurch einen tiefen Einblick in die Seele bekommen und kann Menschen mit ihren Ängsten gut verstehen und begleiten. Sie besitzt ein starkes Mitempfinden und leidet, wenn es den Menschen schlecht geht, die ihr nahe sind. Der dritte Zeh vom linken Fuß ist in einer Betroffenheit aus der Vergangenheit. Sie hatte ein Schicksal, welches bestimmt viele Menschen nicht verkraften würden. Bei Schicksalen ist es wichtig, die Familienverstrickung anzuschauen. Denn es gibt immer Lösungen für das Leid in der Familie. Im Grunde muss die Liebe zu sich und in der Familie angeschaut werden.

Dank Ihrer Liebe und dem Vertrauen (kleiner Zeh) ist es ihr möglich, dass sie mit (großer Zeh) Gottvertrauen in die Zukunft schaut und ihren Weg geht. Die Füße zeigen, dass Siglinde auf dem besten Weg ist, ihr Gleichgewicht wieder zu finden. Die Strahlung zeigt ihre Demut und die von Herzen geführten Gebete.

Die Füße sprechen mit mir

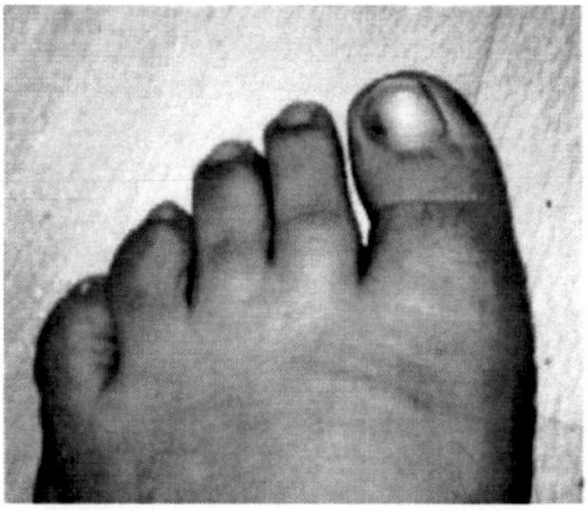

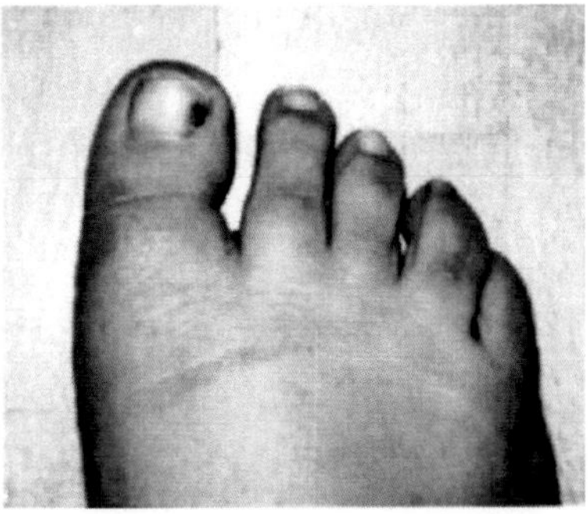

Die Analyse dieses Damenfußes ist besonders interessant, da ein Fußbild mit einem solchen Ausdruck selten ist. Es zeigt sich hier eine feine Persönlichkeit mit Spiritualität, Wohlwollen, Fürsorge, Selbständigkeit und vielen Ideen.

Die Füße sind dem Empfindungs-Ernährungsnaturell zugeordnet. Da das Gewebe in Spannung ist, ist eine gute Anlage der Bewegung ebenfalls vorhanden. Die Füße leisten weitaus mehr an Bewegung, als sie veranlagt sind. Es mag sein, dass ihr Körper mehr Bewegung verträgt, als die Füße. Mehr Ruhe oder öfters sitzen, täte ihren Füssen wohl.

Deshalb sollte sie vermehrt auf die Sprache ihrer Füße achten. Diese zeigt sich in Form von Brennen, Krämpfen, Spannungen oder Schmerzen an der Muskulatur, oder die Beine werden von der Müdigkeit schwer. Dazu einen guten Tipp:

Ich empfehle diverse Fußbäder mit Basissalz vor der Nachtruhe.

Mehr Sitzpausen einhalten, und die Füße hochlegen.

Weitere Fragen von der Klientin:

Was bedeuten die Flecken seitlich der Großzehen?

Meine Deutung: Was will ich nicht sehen, von innen und außen oder was macht mir Druck, dass sich Flecken entwickeln? Diese Flecken geben bei dieser Dame darüber Auskunft, dass sich gewisse Veränderungen in ihr zeigen. Alte Denkstrukturen und Muster von früher zeigen sich massiv. Es sind Blockaden am Kopfwender und der Gedankendruck ist erkennbar am großen Fleck ihres linken Fußes.

Ein Ungleichgewicht der Eltern zeigt sich am Zeugungspunkt. Das hat nichts damit zu tun, dass Eltern sich nicht lieben. Es sind Themen, die zur eigenen Person gehören. Nur, die Kinder nehmen durch die Bindungsliebe oft vieles auf sich, ohne es zu wissen. So legen sich unbewusst Benachteiligungsgefühle an. Ein anderes Thema ist: Die Eltern können manchmal auch zu einem Kind unterschiedlichen Bezug haben. Ein Kind darf mehr und das andere weniger. Da zeigen sich im Laufe der Jahre große Benachteiligungsgefühle, was wiederum bei dieser Dame der Fall ist. So bilden sich unterdrückte Gefühle, die nicht immer angenehm sind, wie es sich hier bei ihr zeigt. Sollten Kontakte mit Geschwistern/Eltern fehlen, ist es wichtig, wieder in den Kontakt zu gehen.

Wichtig ist, dass Sie mit dem Ungleichgewicht Frieden schließen.

Die Flecken am Zehennagel

Ein Fleck auf dem Nagel: Gedanken von materiellen Bedürfnissen sind vorhanden oder es gab Verluste. Es sind Gedanken, die drücken. Wenn ein Druck so groß wird, sucht sich das Gefühl einen Weg in der Form wie bei ihr, so dass sich Flecken zeigen. Die Zonen Nacken, Wirbelsäule, Zähne (es kann auch nur ein

Zahn sein) sind betroffen. Ihr feines Gefühlsleben kommt damit nicht mehr zurecht.

Es sind wunderbare Werte und Begabungen vorhanden. Die angelegte Selbständigkeit sollte gelebt werden. Der große Zeh geht in die Führung und will damit sagen, ich kann es und ich will unabhängig sein. Ihre Spiritualität ist mit Feinheit und Verantwortung angelegt. Die Sprachbegabung und ihr praktisches Denken mit dem künstlerischen Geschick wollen auch gelebt sein.

Die Rötung

Rötliche Farbveränderung am großen Zeh links wie rechts, zeigen die verletzten Gefühle und die unterdrückte Wut. Wut darf gelebt sein, sie soll raus, machen Sie sich Luft von den Benachteiligungen und reden sie mit den Menschen, die es betrifft, damit der Selbstwert und die Liebe zu sich selbst wieder ausgeglichen sind. Die Verantwortung hat man immer für sich, Sie denken und fühlen für sich und dieses Wohlbefinden ist entscheidend. Viele denken für den anderen und meinen, damit könnte sich etwas ändern. Die Liebe beginnt immer bei sich und diese Kräfte können wir wieder weitergeben. Jeder Mensch strahlt das aus, was er ist. Unser Denken und Fühlen zeigt sich an den Schutzorganen (Haut) oder daran, wie es die Füße sagen. Ihr Körper spricht mit Ihnen.

Gesamtausdruck der Zehen

Die Stellung der Zehen ist im Verhältnis zum Fuß etwas kurz, die Belastbarkeit bei langem Stehen und Gehen ist also nicht sehr hoch und sollte anders eingeteilt werden: sich nicht überfordern, eventuell die Schuhe wechseln und zwar öfters am Tag. Die Lücke zwischen dem großen Zeh und dem zweiten Zeh deutet auf zögerliche Entscheidungen hin. Ihre letzte Entschlusskraft braucht Zeit. Zehen gerade: sie hat einen ehrlichen, gradlinigen Charakter und ihr feines soziales Denken zeigt der große Zeh an seiner Form.

An der großen Zehenkuppe ist ihre Spiritualität ersichtlich. Sie hat bestimmt viele Träume. Damit meine ich nicht Wunschträume, sondern Träume, die einen Weg zeigen wollen. Dies ist zu erkennen und sie sollte ihrer Spiritualität vertrauen. Vertrauen ist für sie ein wichtiger Punkt, sie kann sich nur bei vorhandenem Vertrauen „anvertrauen". Die kleinen Zehen verraten, dass sich Schwankungen im Selbstwert zeigen. Unangenehme Erlebnisse halten sie ein Weilchen fest.

Ich kenne ihr Gesicht noch nicht. Doch nach dem was ihre Füße mir zeigen ist sie eine junge, aufgeschlossene, freundliche, praktische Frau mit Fleiß und Ausdauer. Eine Frau, die Freude gibt und wahrnimmt, was in ihrem Umfeld geschieht. Sie ist ehrlich und erwartet Ehrlichkeit auch von den andern.

Sie gibt meistens noch mehr als sie sich selbst erlaubt zu nehmen. Ich wünsche ihr, dass sie von den Blockaden und Benachteiligungserlebnissen frei wird und weiterhin ihre positiven Lebensfreuden lebt.

Unzufrieden mit den Füßen

Oft werde ich gefragt, warum jemand Schweiß- und/oder Plattfüße bekommt. Dazu ist zu bedenken, wie sich das Thema „Unzufriedenheit" auf die Füße auswirkt.

Es ist spannend, wie jeder Mensch durch sich selbst geht und gehen muss, innen wie außen und durch das Bewusstwerden mit der Liebe zu sich selbst und für andere die beste Wirkung zur Erhaltung der Gesundheit und Wohlergehen erzielt.

Es beginnt und gelingt vieles im Leben mit der Wahrnehmung. Ich finde es sehr aufregend, das eigene Fühlen von den Füßen mit dem Bauch wahrzunehmen, im Herzen zu sein, mich zu öffnen und mit dem Verstand zu erkennen, wie wir immer wieder zum Ganzheitlichen kommen.

Wenn ich mich und meine Mitmenschen anschaue, so sehe ich den täglichen Aufwand zum Leben, den wir brauchen, um den Körper, die Seele und den Geist zu versorgen.

In der Physiognomie geht es für mich darum, Formen zu sehen und zu spüren und ihrer Bedeutung im Geistigen bewusst zu werden. Ich bekam dadurch folgende Erkenntnis von den Füßen: Zufriedenheit oder Unzufriedenheit. Anders gefragt: Wie geht es den Füßen und der Psyche mit diesem Begriff?

Ohne Selbsterkenntnis ist es nicht möglich, diese Informationen von den Füßen zu erkennen.

Wie wirkt sich die Unzufriedenheit aus?

Ich erzähle eine Geschichte von einer Klientin mit dem Namen Klara[5], die vor drei Wochen bei mir war.

Klara zeigte eine tiefe, verletzte Unzufriedenheit und litt unter starkem Schweißfuß, Hornhaut und Plattfuß. Vor der Behandlung werden von meiner Seite Fragen gestellt, wenn die Klientin bereit ist, ihre Themen und Muster anzusehen. Sie war bereit und erzählte, dass sie in Scheidung lebe. Sie wurde mit dem Alleinsein nicht fertig und fügte sich zusätzlich viele seelische Verletzungen zu.

Klara meinte, sie spüre eine tiefe Unzufriedenheit im Herzen. Ihre Gedanken begannen mit Selbstvorwürfen. Der Bauch fühlte sich gespannt an und der Stuhlgang wäre schwer. Die Füße waren kalt und mit großer Schweißabsonderung. Die Angst kam noch dazu. Sie blockierte sich und kam aus dem Gleichgewicht. Ihr Gang war hart im Auftreten.

Die eingezogenen Zehen zeigten die Wut und diese Wut muss raus. Ungelebte Wut blockiert. Der Plattfuß kam durch den Druck mit der Wut und der Angst.

5 Name geändert

(Bei vielen Jugendlichen ist das gut zu erkennen, denn der Plattfuß ist stark verbreitet. Die Trotzzeit mit Willen durchführen zu wollen. Das braucht große Anstrengung für den Körper und die Fuß-Sohle. Das Gewicht, das bei dem starken Durchsetzungswillen mit Trotz auf den Füßen lastet, wird bestimmt 3-mal so schwer wie das Körpergewicht. Die Füße werden dabei stark auf den Boden gedrückt.)

Klaras Unzufriedenheit möchte ich Ihnen so schildern: Die Unzufriedenheit ist nicht ausschließlich in der Ehe zu sehen, denn sie brachte dieses Muster schon mit. Ich fragte Klara - denn Unzufriedenheit kommt auch von Unfrieden – mit wem sie Frieden schließen sollte. „Ach, wenn Sie mich so fragen," antwortete sie, „ich habe schon Jahre mit meinem Vater Unfrieden".

Sie hat jetzt den Weg zu gehen, der Hinwendung zum Vergeben und zum Frieden schließen. Ihre Füße werden es ihr danken.

Ich erinnere mich noch gut an meine eigene Phase der tiefen Unzufriedenheit und wie meine Füße damals litten.

Ich selbst hatte Juckreiz, Hornhaut, Schweißfuß, die Füße waren schwer. Ich begriff, dass es nur ging mit Frieden schließen in meiner Seele mit dem Menschen, unter dem ich zu leiden glaubte, mit vergeben und wie man dadurch in die Dankbarkeit gelangte. Und siehe da, meine Füße wurden wieder gesund.

Es mag sich leicht anhören, nur, es ist wirklich eine Menge zu tun, das Denken und Fühlen so in den Einklang zu bringen, um von den seelischen, geistigen Verletzungen frei zu werden.
Mir halfen viele Ereignisse als Beispiele sehr, die ich im wertvollen Buch von Herrn Rudolf Passian, „Der Engelreigen" las, wie auch dies:

Friede in mir und in allen Menschen und Wesen.
Licht in mir und allen Geschöpfen.
Heilung in mir (Füße, Organe und alles

was schmerzt ansprechen) und allen Geschöpfen.
Gott ist Liebe, Gott ist gut, so sei es, so sei es, so sei es.
Ich spreche es immer wieder und es ist wie ein Wunder, was sich dadurch alles erfüllt.

Fußanalyse Denise

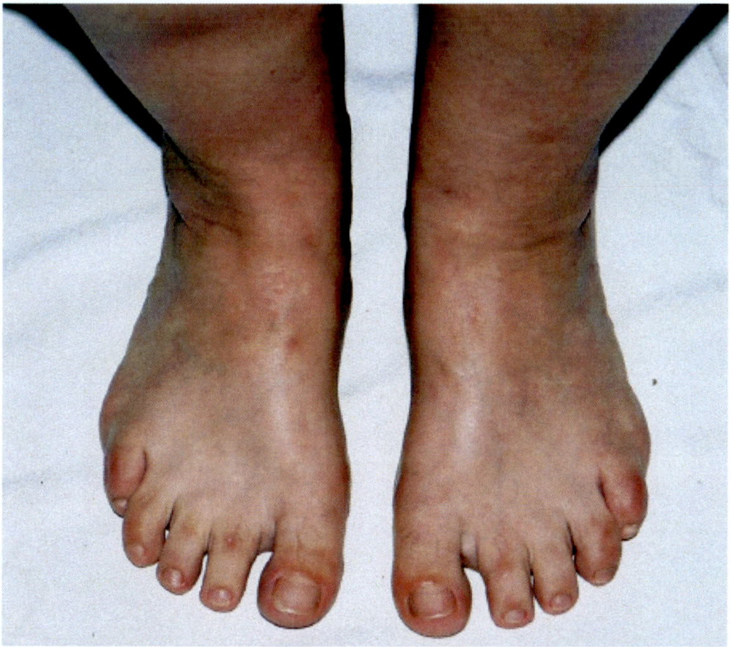

Der Fuß ist im Empfindungs-Ernährungsnaturell.

Ich habe in meinem Archiv keinen anderen, vergleichbaren Fuß zu dem hier dargestellten gefunden.

Bildanalyse: dieser Fuß steht noch nicht in einer starken Unzufriedenheit.

Die Rötung an der Haut gibt uns die Information, dass es um Anerkennung und Frieden geht. Denise lebt zu viel in Unruhe für ihr Naturell. Als Empfindung-Ernährungstyp sollte sie alles in

Ruhe ausführen. Sie lebt eine, ihre Feinheit überfordernde Bewegung. Die kurzen Zehen brauchen Einteilung, was Bewegung und Stehen angeht. Die großen Zehen geben über die Unzufriedenheit der Gedanken Auskunft. Denise verfügt über ein kompetentes Wissen und Können. Am großen Zeh ist die Herzensliebe erkennbar. Die Strahlung und der zweite Zeh zeigen: Mit der Unruhe kommt sie aus dem Gleichgewicht. Die Lücke zeigt, dass sie von den Gedanken abschweift und wieder neue Konzentration braucht. Das gibt ihr die Unzufriedenheit. Sie nimmt vieles zu persönlich, das zeigt der eingezogene kleine Zeh. Ihr Selbstwert ist schnell ablenkbar. Sie fühlt sich verletzt und umgehend führen die Emotionen sie dazu, dass die Tränen fließen. Mein Rat ist: Ruhe gönnen! Struktur in die Gedanken bringen, damit die Gefühle und der Selbstwert gestärkt sind. Sie hat mit Ihrer Kreativität und Ihren Ideen diese Möglichkeit. Ich wünsche Ihr Freude und innere Ruhe.

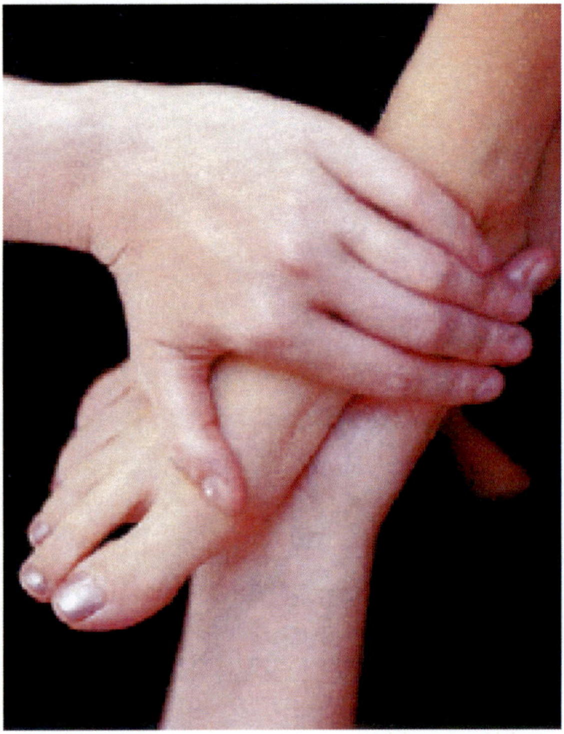

Worte und ihre Wirkung auf die Füße und die Muskeln

Aus meiner 20-jährigen Erfahrung möchte ich eine kurze Anregung zur Wirkung der Worte und Gedanken auf die Muskulatur geben.

Eine kurze Abhandlung über die Muskulatur

Die Muskeln werden gebildet von einer großen Anzahl von Fasern. Diese Muskelfasern vereinigen sich zu kleinen Bündeln, die in dünne Bindegewebsmembranen eingeschlossen sind. Gleichartige Muskelbündel bilden miteinander größere Muskelstränge. Und so entsteht durch weitere Vereinigung schließlich der ganze Muskel. Mehrere Muskeln bilden eine Muskelgruppe. Jeder Muskel hat seine eigene Bindegewebshülle, jede Muskelgruppe ihre Muskelbinde oder Faszie. Die Muskeln sind das Fleisch des Körpers. Kein anderes organisches System nimmt so viel Raum ein wie sie.

Es gibt drei Arten von Muskeln: Die willkürlichen, quergestreiften Muskeln, die unwillkürlichen, glatten Muskeln und den Herzmuskel, der aus quergestreiften und glatten Arten besteht.

Die unwillkürlichen Muskeln: Sie befinden sich in den inneren Organen und in den Wänden der Blutgefäße.
Die willkürlichen Muskeln: Die Fasern der willkürlichen Muskeln sind ein grobes Bündel und in der Abbildung quer gestreift.

Die willkürlichen Muskeln sind:

Anzieher	Adduktoren
Abzieher	Abduktoren
Streckmuskeln	Extensoren
Beugemuskeln	Flexoren
Rollmuskeln	Rotatoren

Wir wollen uns auf die Fußmuskulatur mit den willkürlichen Muskeln konzentrieren und bedenken, warum die Fußmuskulatur mit unseren Gedanken einen Zusammenhang hat ...

Gedanken bewegen unsere Muskeln. Anzieher, Abzieher, Spreizer, Strecker, Beuger und Rollmuskeln werden durch unsere Bewegungsvorstellungen angesprochen (sog. Carpenter-Effekt) und so auf die tatsächlichen Bewegungen vorbereitet.

Die Muskeln haben eine wunderbare Beweglichkeit in unserer Vorstellung. Den damit verbundenen Gedanken und Worten sollte man sich immer wieder hingeben, um eine gesunde Muskulatur zu haben. Die Ausführung des Fußes mit der Zehenbeweglichkeit gelingt nur mit dem Willen und der gedanklichen Vorstellung. Das tägliche Bewegen der Fußmuskulatur gibt den Ausgleich für das Wohlgefühl mit guten Gedanken. Gedanken, die mich stärken, Gedanken, die mir ein Wohlgefühl geben.

Bei Schuldgefühlen reagieren die Muskeln am Körper und auch die an den Füssen sehr stark. Der Beugemuskel und der Strecker machen sich bei Schuldgefühlen bemerkbar in Form von Verspannungen, oftmals sogar bis zum Nacken (siehe Bild Muskulatur).

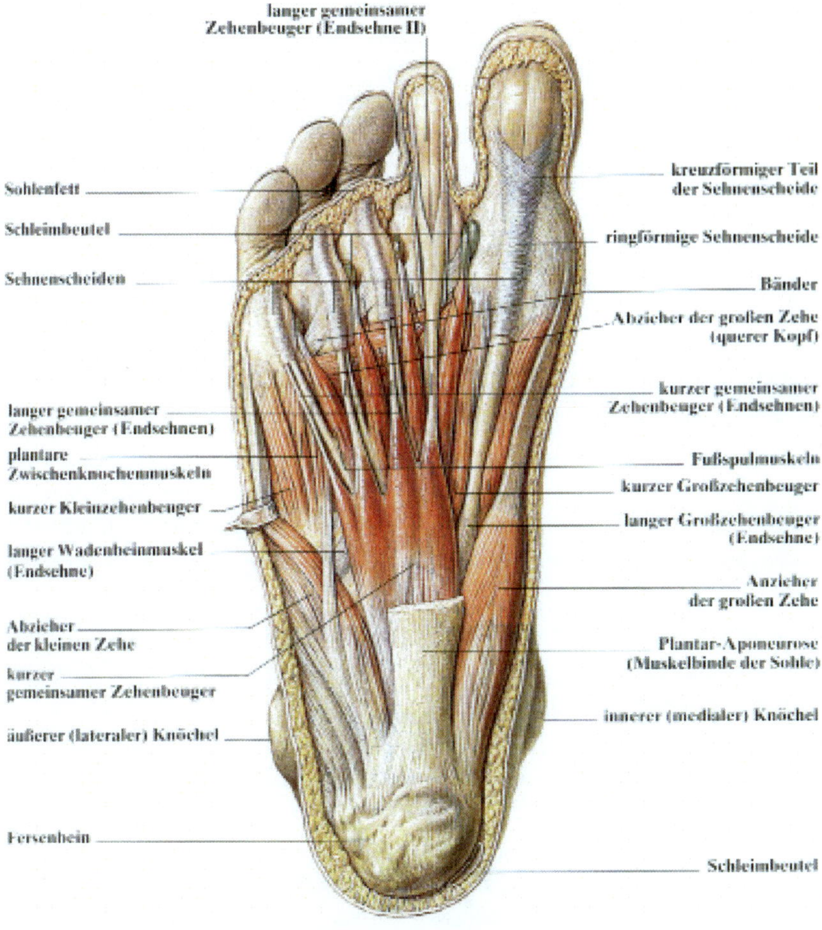

Quelle: Hellmut Ruck, Das Buch der Fußpflege.

Muskeln reagieren auf das Wort – wohlwollend beim Wort „Mut“. Wenn Sie sich mutig fühlen, geht die willkürliche Muskulatur in die gedankliche Vorstellung der Bewegung, und es entsteht ein Leichtigkeitsgefühl im Körper bis zu den Füssen.
Beim Wort „Verantwortung“ gehen die Gedanken in eine Vorstellung von Tragen und Verpflichtung, resp. als eine Schwere von Lasten tragen. Die Muskulatur muss somit mehr leisten, um sich zu bewegen.

Viele Klienten empfinden dabei eine Angst vor der Verantwortung. Darum schaue ich mir die Muskulatur an. Wenn die Muskulatur der Füße nicht in der Bewegung ist, kann diese Person die Verantwortung nicht richtig tragen.

Die gesamte Muskulatur wird durch unser Denken in den Bewegungsabläufen gefördert. Viele Krankheiten entstehen aus untrainierten Muskeln einerseits und aus den Gedanken und der Vorstellung jener Worte andererseits, die nicht bewusst wahrgenommen werden. Jeder Gedanke bewegt sich durch die Muskeln. Wir kennen die Verspannungen am Nacken zu Genüge, was wir dann wiederum am großen Zeh des Fußes sehr gut spüren können. Ist das Zehengroßgrundgelenk nicht mehr beweglich und der Muskel steif, dann gehen die Gedanken oftmals mehr in die Richtung Aggressivität.

Wir kennen auch das Tragen von Lasten aus der Psyche; sich für andere verantwortlich fühlen. Die Fußmuskulatur geht zurück und die Schmerzen melden sich oft bis zum Nacken und der Schulter. Es lohnt sich deshalb, das Wort zu bekunden, den Begriff des Wortes zu verstehen und sich in die bewusste Vorstellung zu bringen, dass dieses Wort die Muskulatur des Körpers bewegt oder versteift. Mit der Zehenbeweglichkeit und der Elastizität der Muskulatur steht oder fällt die Gesundheit.

Die Füße von Gudrun zeigen zum Beispiel, dass sie schon einige Zeit Frust erlebte. Der linke Fuß zeigt die Zurückhaltung von den Zehen. Ihren Willen muss sie fördern (zweiter Zeh). Am dritten Zeh links und rechts sehen wir, dass ihr der Mut fehlt von innen und außen. Die Muskulatur der Zehen ist im Rückzug. Durch die Krallenbewegung projiziert sie Angst. Gudrun ist jetzt auf dem Erkenntnisweg, dass sie ihre Wünsche auch zum Ausdruck bringen soll, ihre Sprache verbessern und achtsam mit Ihren Gedanken und Worten umzugehen hat. Bei ihr müssen die Schuldgefühle abgebaut werden.

Fußanalyse Gudrun, 39 Jahre

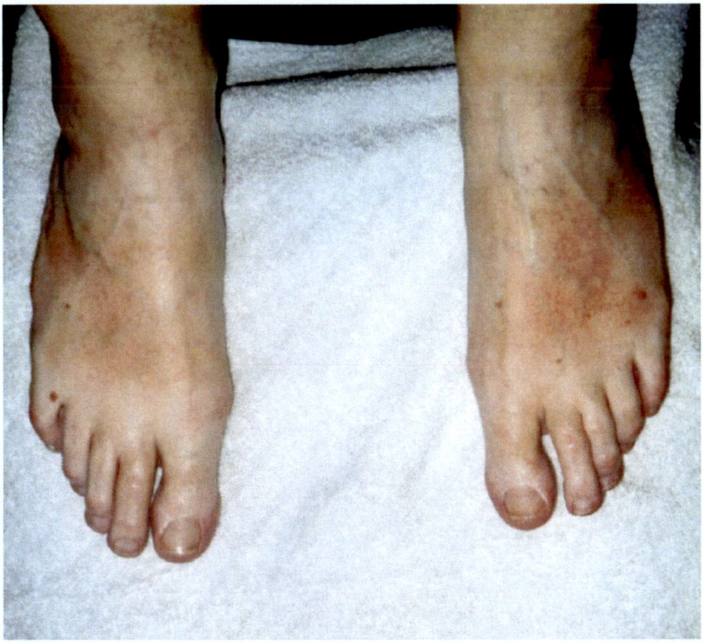

Gudrun fühlt sich immer schuldig. Bei der Beratung waren ihre meist benutzten Worte „Schuld“, sowie dass sie „wenig Lust“ habe und „mutig“ sei sie auch nicht. Es wurde ihr immer mehr bewusst, dass sie sich mit anderen Wortformulierungen nach der Sitzung jeweils wohler fühlte, wie zum Beispiel: Ich erlaube mir, mutig zu sein, ich bin gut, und ich bin für mich allein verantwortlich. Die Beweglichkeit mit dem Körper, Fußgymnastik und Willensübungen mit den Worten und der Aussprache ist allzumal wichtig, um die Verspannungen in den Griff zu bekommen.
Der Erfolg ist der Weg zum Glücklichsein. Sich glücklich fühlen ist wiederum der Weg zum Erfolg.

Der wissende Gedanke meint: wenn es doch schon getan wäre. Doch das Gefühl empfindet es anders, somit ist Tun ein Wort für zwei Dinge. Wenn der Wille mit dem Wollen im Einklang ist, gehen die Füße von allein und das nennt man glücklich sein.

„Füße“ - und - Warum immer ich

Das Unbewusste in der Opferrolle führt zu kalten Zehen

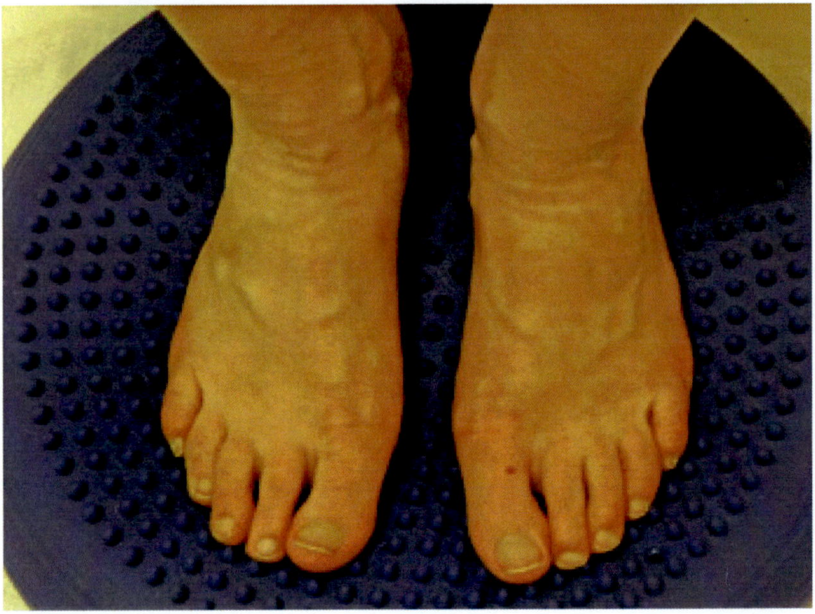

Dora im Empfindungsnaturell - die Füße zeigen eine gute Kraft zum Gehen. Sie kam zur Analyse und wollte eine Erklärung für ihre kalte Zehen, und für die Besonderheit, dass es immer an den großen Zehen anfing kühl zu werden.

Unbewusst fragt sie sich: „Warum immer ich – was habe ich für Prüfungen?“

Freude ging durch mein Herz, denn ich konnte bei den beiden Großzehen erkennen, wo ihre Gedanken und Glaubensbotschaften liegen. Das unbewusste Denken; ob sie sich erlauben darf, ihre Verantwortung zu leben. Es hält sie davon ab, sich frei zu geben, das Opfern und das Sich-Schuldig-Fühlen sein zu lassen. Da hinein spielt der unbewusste Gedanke, ob Mutter an sie noch glaubt, wenn Dora das lebt, was sie möchte. Auch andere Gedanken sind bei Dora präsent. Sie drehen sich um den Glauben an Gott, das Urvertrauen oder: wem kann ich richtig vertrauen. Dora ist spirituell, sie verfügt über großes Wissen von Religionen. Ihre Intelligenz und Vielseitigkeit hilft ihr zu unterscheiden, was gut ist. Dora sollte selbst an sich glauben und das Vertrauen nicht verlieren. Das eigene Denken und Fühlen zu beobachten, sind tägliche Bemühungen dafür, die eigene Mitte mit dem Wohlfühlen zu behalten.

Dora erzählte von ihren Lebens-Erfahrungen:

Immer wieder das Symptom der kalten Zehen, besonders an den beiden Großzehen fängt es an, kühl zu werden. Dora fragt sich, was ist nicht stimmig, wo fehlt Wärme? Ihre Gedanken waren überwiegend beim Glauben, was und wie soll ich wieder glauben. Dora äußerte, dass sie in den letzen Jahren häufige materielle und gefühlsmäßige Einschränkungen hatte. Ihre Gedanken galten mehr dem Zweifel. Trennung von ihrem Mann, das Zurückkehren zur Mutter mit einem intelligenten Kind im Empfindungsnaturell. Dora fühlte sich wie ein Opfer. Durch den innerlichen Rückzug spürte sie, dass sie die Wärme nicht mehr bis zu den Füßen fließen lassen konnte.

Fußanalyse von Dora:

Wir sehen auf dem Bild zwei gut geformte große Zehen, diese geben uns kund, dass Dora über Fähigkeiten in Sprache und Schreiben verfügt, erkennbar an den Zehenkuppen. Dora spricht Fremdsprachen und ist hervorragend in der schriftlichen Vermittlung. Die großen Zehen stehen leicht himmelwärts, die Vorstellung, Ideen zu verwirklichen sind mit Träumereien verbunden. Sphären zwischen Erde und der Seele sind zu unterscheiden. Der zweite Zeh links beugt sich von der Willensführung leicht ab. Rechts ist ein Gefühl von der Willenskraft, sie möchte sich mehr anlehnen, um den Willen nicht so einzusetzen. An den Zwischenräumen - Spalt am Großzeh, linke Seite weniger, sieht man, dass Dora von ihrer Seelenseite/Gefühlseite von ihrem Inneren eine

Entschlusskraft hat. Von der linken Seite weiß Dora besser, was sie will.

Sie kann Entscheidungen nach außen nicht so gut umsetzen. Der Spalt am großen Zeh rechts ist größer und zwischen dem zweiten und dritten Zehe ist eine Lücke. Somit kommen Schwankungen, wenn Dora Entscheidungen treffen soll. Beim dritten Zeh rechts geht es um das Zuhause, was mit Umdenken zu tun hat - das Zuhause für sich zu gestalten, ihr früheres Kinderzimmer zur eigenen Persönlichkeit als Frau anzunehmen. Die vierten Zehen sind Kreativzehen, wie gestalte ich mein Leben, von mir auch Ehezehen, Partner- und Ahnenzehen genannt. Wir sehen bei Dora: das sind ihre Themen. Wie gestalte ich mein Leben, Neu-Orientierung für die Kreativität ist angesagt. Die Opferrolle aufgeben, annehmen. Es geht um die Abgrenzung und dann ist es eine große Bereicherung, mit Sohn und Mutter zu leben. Der Halt bleibt uns mit den Eltern/Wurzeln erhalten. An den beiden kleinen, fünften Zehen ist der Auftrag, das eigene Wert-Sein nach außen zu bringen. Dora ist eine feine Persönlichkeit und sie hat Fähigkeiten, die Tiefen zu erkennen. Durch Ihre Naturverbundenheit hat sie auch Fähigkeiten, mit Pflanzen und Heilmethoden umzugehen.

Diese Werte darf sie bewusster leben und Stolz zeigen, dann können die kleinen Zehen mehr in die Kraft gehen, und die Rötungen und Schwellungen verschwinden.

Auch die kalten Zehen und Füße werden dann durchwärmt mit den Gedanken und Gefühlen des Annehmens und der Liebe zu sich selbst. Wenn der innerliche Rückzug umgewandelt wird in Vertrauen und den Gottesglauben, wenn mit dem Herzen Wärme empfunden wird, dann sind die Füße bestimmt warm - wenn die Seele nicht mehr leidet und das Ich weiß, was es will.
Es helfen Fußbäder, Fußmassagen, Übungen für die Zehenbeweglichkeit, Cremes und die guten Gedanken.

Fußanalyse Ramona

Ramona hatte folgende vier Fragen und suchte damit eine Lösung für ihre Füße:

1. Warum hatte sie plötzlich Schmerzen?

2. Wozu die auftretende Druckempfindlichkeit?

3. Weshalb die Hornhautbildung?

4. Wieso verändern sich die Zehen?

Antwort zur 1. Frage:
Die plötzlichen Schmerzen am Zehen-Großgrundgelenk (Ballen) vermitteln Ihnen: Die Füße nehmen die Gefühle und Gedanken wahr und das Unbewusste will bewusst werden.

Antwort zur 2. Frage:
Die Füße zeigen ungelöste Themen und Muster. Das Innere wahrnehmen hat mit Annehmen zu tun. Der Selbstwert ist zum Thema geworden.

Antwort zur 3. Frage:
Die Energien von Kopf bis Fuß wollen an den Stellen erkannt sein, um die Schutzbedürftigkeit zuerst einmal in eine Vertrauensbasis zu bringen.

Antwort zur 4. Frage:
Die Folge von Ablehnung oder sich abgelehnt zu fühlen, sie muss bewusster in die Aktivität und mit dem Willen und Wollen in Einklang kommen.

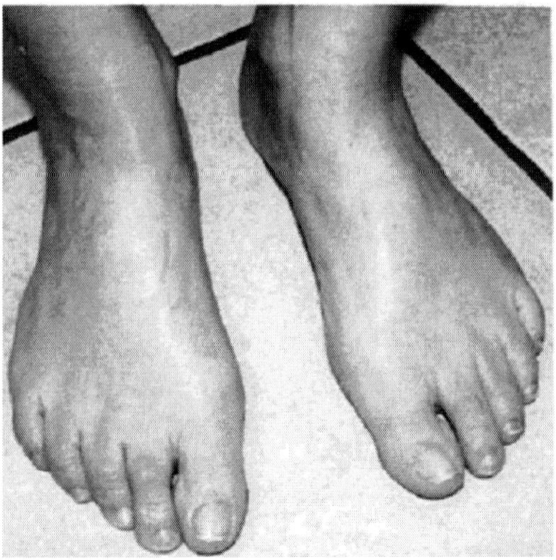

Die Naturell-Anlage: Empfindung in Richtung Harmonie. Von der Anlage her weiß sie schon den Weg zum Weitergehen. Der Kopf, respektive das Denken, lehnt noch einiges ab, da sie Angst vor neuen Verletzungen hat oder davor, eine Ablehnung wieder zu erfahren. Ihre Feinfühligkeit und ihre Empfindung retten sie immer wieder vor zu großem Zweifel.

Das Fußgewölbe zeigt den seelischen Druck vom Kindesalter an. Die Herkunftsthemen waren traurig, da sie mit frühen Verlusten von Geschwistern umgehen musste. Die Todesthemen sitzen noch, erkennbar am jeweils vierten Zeh links und rechts.

Ihre Talente sind im sozialen Bereich. Sie könnte spirituelles Heilen (erkennbar am großen Zehzwischenraum) fördern, zusammen mit dem Vertrauen. Sie ist im Organisieren, Ordnungssinn und Gerechtigkeitssinn talentiert. Da sie sich für die Wahrheit einsetzt, (großer Zeh, Zehenkuppe) hält sie sich manchmal mit Worten zurück. Sie hat ein Erzählertalent und sollte dem freien Lauf lassen. Sie will wegen ihres Feinempfindens niemanden verletzen. Wichtig ist, dass es gerecht und ehrlich ist.
Ich fühle durch das Bild von ihren Füssen ein liebevolles Herz. Sie möchte jetzt weitergehen und Freude und Frieden haben in ihrer Seele. Das TUN – ich kann verstehen, dass es leichter gesagt ist als getan.

Es geht jetzt darum, dass sie mit sich und mit ihren Talenten und Werten in den Selbstwert geht, sowie die Vergangenheit anerkennt.

Durch ihre vielen Enttäuschungen kam Zurückhaltung und dadurch spürt sie jetzt auf einmal Schmerzen. Die Druckempfindlichkeit am Ballen und am zweiten Zeh gibt die Information, dass die Trennungsschmerzen, eben erkennbar am Zehengroßgrundgelenk und Ballen, noch nicht verdaut sind. Der zweite Zeh zeigt eine Unterbrechung, was die Entscheidungen anbetrifft. Der Wille, zweiter Zeh, durfte nicht so gelebt werden, wie es hätte sein sollen. Das heißt, bei einer wichtigen Entscheidung wurde sie gebremst, oder sie hat sich den Willen nehmen lassen.

Die Trennungsschmerzen (Ballen) und die Verstrickungen (vierter Zeh) und somit auch das Vaterthema sind mit Gesprächen zu heilen. Der kleine Zeh, rechter Fuß, deutet auf die Wirbelsäule hin. Den Nacken sollte sie behandeln mit der Empfehlung, dabei die Dorn-Breuß-Methode anzuwenden und/oder eine Atlaspunkt-Behandlung vorzunehmen.

Hornhaut bildet sich durch geistige Verhärtung, das heißt bei Ramona, dass die Erlebnisse und Konflikte hart sitzen und sich so eine Art Schutzwall um diese Themen bildet. Ihre Bedürfnisse kann sie mit ihrer Aufmerksamkeit und der Empfindungs-Energie gut erfüllen.

Den Willen mit dem Wollen in Einklang bringen, also das Denken und Fühlen mit der inneren Liebe zu sich selbst und das tun, was ihr gut tut.

Was die Füße lieben: Fußbäder, Massagen, viel gehen, vor allem barfuß. Schuhe, die passen. Sie hat sehr gepflegte, schöne Füße.
Ein Gedanke von mir: „Manchmal heißt es umdenken“.
Werte und Fähigkeiten ausleben, Dankbarkeit empfinden, Frieden finden, Glaube und Vertrauen schenken, ein Miteinander befürworten.

Das Leben besteht auch darin, dass wir Fehler machen dürfen. Wichtig ist, dass die Selbstachtung im täglichen Leben für sich nicht verloren geht. Ich stelle mir täglich die Frage, was habe ich von mir, wenn ich so oder so denke und was haben meine Mitmenschen von mir? Das, was ich ausstrahle und das, was ich empfinde, gebe ich dann weiter.

Glücksgefühle fördern mein Herz, und die Füße spüren die Leichtigkeit zum Weitergehen, und genau das tragen wir weiter.

Widerstand

Füße - Waden - Muskeln - Kniegelenk
Hier geht es um Widerstände und deren Wirkung auf die Muskulatur der Waden und Kniegelenke. Zuerst eine kurze Zusammenfassung der Muskeln und ihrer Funktionen zum besseren Verständnis der Ursache und Wirkung von Wort und Gedanken, woraus mitunter Schmerzen entstehen können.

Muskeln - Widerstand

Im Rahmen der Fußbehandlung sind die Muskeln der Oberschenkel und der Hüfte interessant, aber längst nicht so wichtig wie die der Unterschenkel, Waden und der Füße.

Die an der Wade entspringende Muskulatur ist diejenige, die Fuß und Zehen bewegt. Alle Muskeln des Unterschenkels sind lange Muskeln. Diese umgeben das Schien- und Wadenbein.

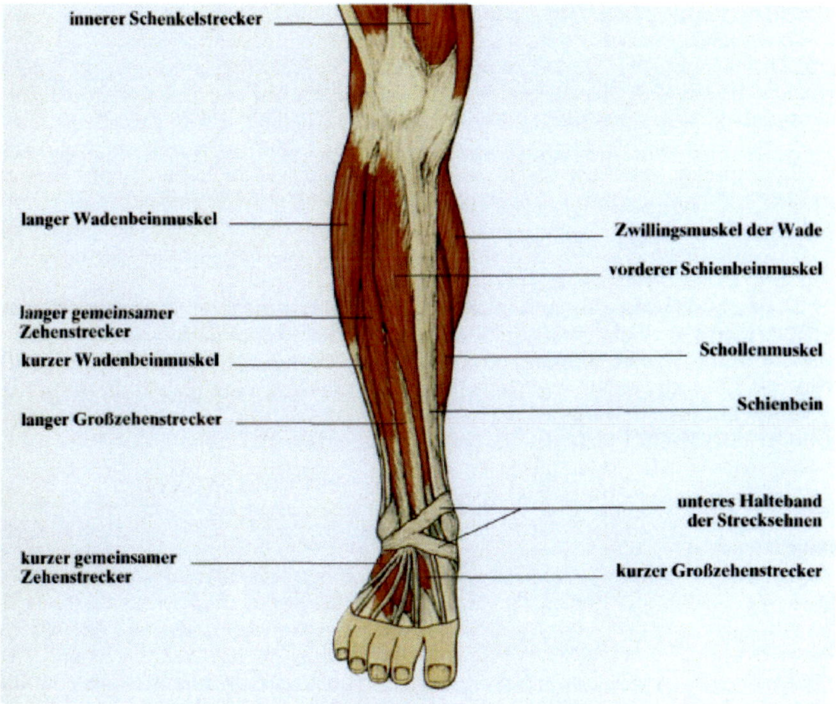

Quelle: Hellmut Ruck, Das Buch der Fußpflege

Die Sehnen brauchen wir auch noch dazu, diese ziehen zum Teil bis zu den Fußwurzelknochen, teils zu den Mittelfußknochen und teils zu den Zehenendgliedern. Entsprechend den Grundbewegungen von Fuß und Zehen werden die Muskeln des Unterschenkels in Strecker (Extensoren) und Beuger (Flexoren) unterteilt. Alle Muskeln, die an der Vorderseite des Unterschenkels liegen und den Fuß oder die Zehen nach oben ziehen, bezeichnet man als Strecker, dagegen alle, die an der Rückseite liegen und von der Wade bis zur Fußsohle reichen, als Beuger.

Die Achillessehne ist die stärkste Sehne des menschlichen Körpers. Sie setzt an der hinteren Fläche des Fersenbeins an und steht so weit vom oberen Sprunggelenk ab, dass man sie ohne weiteres mit den Fingern erfassen kann. Der Zwillingsmuskel der Wade ist wichtig als Beuger im Kniegelenk.

Fallbeispiel Katharina

Katharina hatte viele Widerstände, sie stellte vieles von ihrem Leben in Frage. Ihre Wadenmuskulatur fühlte sich angespannt an, die Beine waren besat mit Krampfadern, und die Kniegelenke schmerzten.

Mein erster Schritt war ein Fußbad, leicht warm mit Basis-Salz, und das tat ihr wohl. Das Gespräch wurde dadurch aufgelockert. Sie hatte eine neue Arbeitsstelle angetreten, doch sie ging mit viel Widerstand an die neue Arbeit. Es fiel ihr schwer, die neue Erfahrung anzunehmen. Sie blieb im Widerstand, bis ihre Wadenmuskulatur in starke Anspannung geriet und sie plötzlich Schmerzen und eine Schwere in den Beinen empfand. Sie sah ihre Fähigkeiten nicht und wollte sich den neuen Aufgaben nicht stellen.

Sie erzählte, dass sie schon als Kind ihre Wadenmuskeln spürte, wenn sie in große Ablehnung und somit in den Widerstand geriet. Die Muskeln erfassen schnell die Gedanken von Widerstand. Die Muskeln wollen die Bewegung auch im Geistigen nachvollziehen. Krämpfe haben mit Angst zu tun. Die Gedanken sind dann nicht im Fluss, weil sie sich mit dem Herzgefühl nicht verbinden.

Krampfadern sind mitunter auch situationsbedingt. Es ist wichtig, die Wurzeln einer Problematik anzuschauen, z. B. ob von den Eltern/Ahnen etwas übertragen oder übernommen worden ist. Situationen wie Entmutigungen, Hass, Ablehnung, Überlastung, Überarbeitung können Krampfadern bilden.

Krämpfe, respektive Krampfadern können sich auch durch das Festhalten von Situationen, Menschen und materiellen Gütern bilden, was auch erblich bedingte Veranlagungen über Generationen hinweg erklärt.

Die Waden stehen auch mitunter für eine gute Ernährung und sind dadurch auch naturellbedingt. Zu meiner Kindheit wurde viel auf die Waden geachtet, man sprach immer von wohlgeformten Waden, gutem Essen und es sich wohl ergehen lassen.

Es ist wichtig, Achtsamkeit zu haben, sich mit allem wohl zu fühlen, so wie man ist. Dieser Gedanke muss sich mit dem Bauchgefühl verbinden und im Herzen erfasst sein, mit den Muskeln muss er bewegt werden, mit den Füssen gegangen. Eine klare Struktur im Sein wird damit erreicht.

Knie-Themen, mit Schmerzen verbunden, sind für viele Menschen ein täglicher Kampf.

Ich fragte Katharina während der Sitzung, was ihr daran so schwer fällt, ihre eigene Sturheit anzunehmen: Sie antwortete darauf hin, sie spüre immer eine Ablehnung und Widerstand gegen ihre Eltern. Wenn sie die Eltern besuchen soll, bekämpft sie das mit Widerstand und prompt zeigt ihr Körper es ihr mit seinen entsprechenden Reaktionen.

Knie-Beugen, so heißt das Wort. Es ist wichtig, die eigene Flexibilität zu sehen, sich selbst zu verneigen, um die Verletzungen und Seelenschmerzen freizubekommen. Erst annehmen, damit ich weitergehen kann. Liebe das, was du hast, dann musst du es nicht lernen zu lieben. Es ist nicht immer ganz so leicht, habe Verständnis. Das Schicksal ist bei jedem anders. Beuge dich mit einem liebenden Herzen zu dir selbst. „Wunderbare Worte“, sagte Katharina, “ich soll mich jetzt vor mir selbst verneigen, beugen“. “Ja“, sagte ich ihr, „tun Sie es, wenn Sie es können aus Ihrem wollenden Herzen“. Sie tat es aus vollem Herzen und spürte die Erleichterung im ganzen Körper.

Die Sehnen am Fuß und auch an den Händen zeigen sich bei manchen Menschen stark nach außen. Sie wollen die Sehnsuchtsgedanken zeigen. Manchmal sind die Sehnen weniger zu sehen und manche Tage stärker. Die Sehnsüchte, Wünsche und Bedürfnisse müssen dann wieder angesehen werden.

Ich empfahl Katharina, nachdem wir noch die Achillessehne anschauten, die sich in wenig Spannung befand, dass sie unbedingt ihr Vertrauen, ihren Glauben und die Lebensfreude für sich selbst wieder leben muss.

Sie sehen aus diesen Ausführungen, es gibt auch Zonen, deren Signale man meist nicht versteht. Seien Sie gerade diesen gegenüber sehr achtsam.

Und ist es nicht ein Traum,
dessen sich keiner mehr von euch entsinnt,
der eure Füße erbaute, und alles formte was drin ist?
Und vermöchtet ihr das Geflüster von
Gedanken und Gefühlen,
des Traumes zu vernehmen,
würdet ihr keinen anderen Laut mehr hören.
(Alte Weisheiten von Kahil Gibran)

Fußanalyse Angela

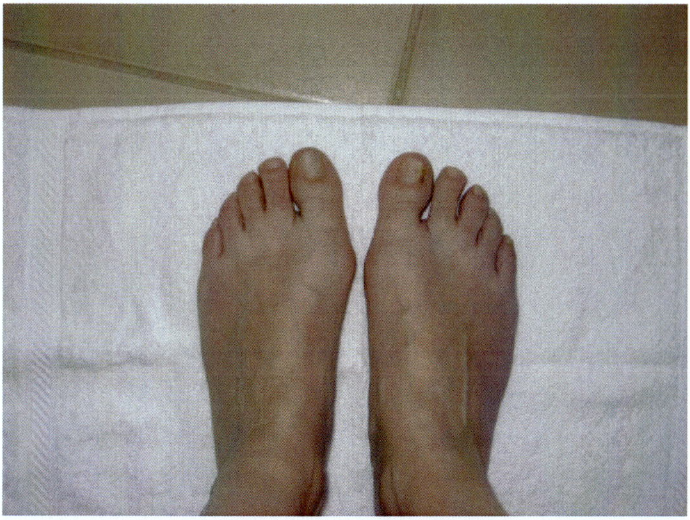

Die Füße zeigen mir, wenn ich etwas anderes fühle, als ich denke.

Was will mir mein Nagel am großen Zeh rechts sagen?
Was will mir der Nagel am kleinen Zeh rechts sagen?

Angela war für eine Beratung bei mir in der Praxis. Es kam zu einem tief greifenden Gespräch. Dass der rechte, vierte Zeh sich anlehnte, hatte Angela selbst noch nicht entdeckt. Der Zehennagel des dritten Zehs, leicht gelblich und etwas rillig, zeigte mir, dass das Umfeld oder das Zuhause nicht stimmig ist.

Angela ist eine feine Persönlichkeit im Denk-Empfindungs-Naturell mit Anklang an Bewegung, sie hat schöne Talente: Tanzen, sozialer Umgang, Einsatz für ihre Mitmenschen. Die Zehen zeigen ihre Gradlinigkeit, sie ist korrekt und gibt Freude gerne weiter.

Meine erste Frage war: „Können Sie sich als das geliebte Kind von Vater und Mutter fühlen?“ Diese Vorstellung konnte Angela nicht so richtig nachvollziehen. „Ich meine, ich wäre damit durch“, sagte sie. Es kann gut sein, dass sie es in Gedanken meint, aber ihre Gefühle damit noch nicht verbunden sind.

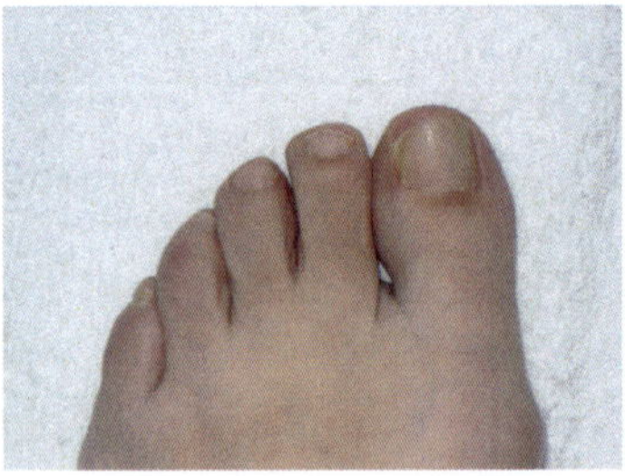

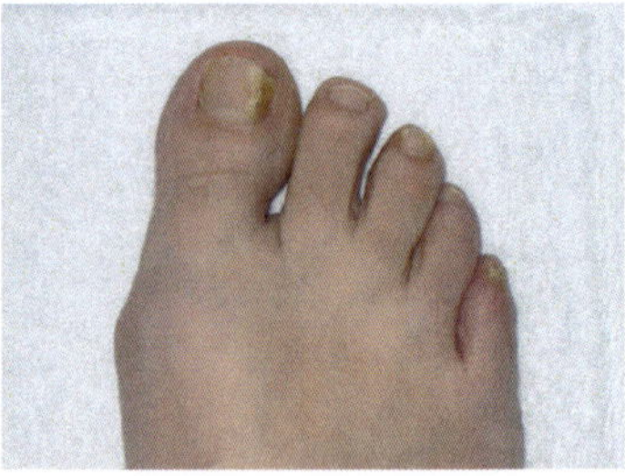

Die großen Zehen geben uns kund, dass Angela viel Wissen und Intelligenz besitzt. Ihre vielen Wissensgebiete möchte sie mitteilen. Die Kuppe des großen Zehs ist rund und etwas rillig, das zeigt, dass sich immer wieder Unterbrechungen zeigen, wenn Angela nach außen gehen will. Sie muss sich viel Mut zusprechen; dass sie gut ist und auch mit ihren Qualitäten nach außen kann.
Der vergilbte, eingerissene Nagel des großen Zehs rechts drückt aus, dass die Gedanken um Themen kreisen, die Gefühle mit dem Vertrauen in der Zurückhaltung stehen. Der Gedanke ist vordergründig, sie hat von einigen Dingen die Nase voll. Irgendwo kann sie nicht mehr. Der Nagel kann sich mit diesem Gedankengut von Widerständen nicht entfalten und äußert sich mit dieser Deformation. Der deformierte Nagel zeigt eine Neigung zu den anderen vier Zehen. Das heißt, dass sich die Gedanken kreisen. Das Umfeld – zum Beispiel mit den Nachbarn – ist nicht stimmig für ihre Seele. Was das Vaterthema betrifft, ist sie noch nicht ganz in ihrem Wohlgefühl. Ein „Die Mitte fühlt sich leicht an“ kann Angela im Moment nicht empfinden.

Der große Zeh geht in die Führung. Die Aufgabe ist also, mit den Begabungen die Selbständigkeit und den Freiraum zu leben, was Angela zum Teil auch tut, doch sie nimmt sich immer wieder zurück.

Die Blockaden ihrer Persönlichkeit zeigen sich am großen Zeh. Der Spalt zwischen dem großen Zeh und dem zweiten Zeh zeigt, dass Angela mit ihren Entschlusskräften geduldig sein muß. Der zweite Zeh zeigt den guten Kontakt zur Erde, der mit einem gesunden Willen verbunden ist. Wissen und Intelligenz sowie die Freude an der Bewegung zeigt dieser zweite Zeh. Der dritte Zeh zeigt, dass das Zuhause oder das Umfeld blockiert ist. Die Feuer-Energie kann sich nicht gut entfalten. Der Nagel zeigt etwas Angst im Umfeld. Der vierte Zeh – Vater/Herkunft –will sich anlehnen. Es sitzen noch ungeweinte Tränen fest. Der Druck tut dem Lymphsystem nicht gut, erkennbar an den Zwischenräumen, Zehen und an der Rötung. Der kleine Zeh zeigt, dass der Selbstwert momentan blockiert ist. Der mittlere Fuß (Reihen) will sich mitteilen und auf die unverarbeiteten Lebensbilder sehen – damit die zurückgehaltene Persönlichkeit wieder volle Lebensfreude bekommt, die Enttäuschungen genau betrachten, mit Glaubenssätzen und Gebeten bearbeiten, damit die Heilung Einkehr halten kann. Am besten kann sie erst einmal annehmen, was ist, und sie sollte Gespräche mit den betreffenden Personen führen.
Damit kann die Liebe für sie wieder spürbar sein. Ich freue mich immer über das Vertrauen, und gerade bei dieser Analyse wurde ich wieder bestärkt, dass es fruchtbar ist, die Zusammenhänge zu erkennen. Wir sehen, dass der linke Fuß kaum eine Blockade aufweist. Der rechte Fuß, alles, wobei es um das Äußere und das Herkunftsthema Vater und männliche Energien geht, ist betroffen.

Wer sich mit liebenden Augen anschaut und mit dem Herzen fühlt, wird fortan im Licht sein, und die Dienste im Leben mit Liebe erfüllen.

Das Fußbad

Im Gegensatz zu einem Ganzkörperbad ist ein Fußbad leicht durchzuführen und immer zu empfehlen, sei es zur Erleichterung, zur Entschlackung oder zum allgemeinen Wohlbefinden. Es kann anregen, aber auch einen guten Schlaf fördern, je nach Naturell. Die Haut in ihrer Funktion als Ausscheidungsorgan kann mit Entschlackungsbädern entlastet werden. Soweit die Haut mit 10% Schlacken belastet ist, führen solche Bäder auch

- zu einer enormen Gewichtsreduktion
- zum Abbau von Cellulite

Obstessig

Ein Bad mit Obstessig nach Belieben, z.B. 250 ml, entgiftet und fördert eine gute Durchblutung. Es ist sehr wohltuend nach körperlichen Anstrengungen, auch nach anstrengenden Reisen.

Moorbad

Das Moorbad baut Fettablagerungen ab. Es aktiviert Kreislauf und Lymphe, Gifte werden ausgeschieden. Dieses Bad ist entspannend für die Muskulatur.

Meersalzbad mit Algen

Meersalz greift Schlacken in allen Hautschichten an. Je mehr Schlacke abgebaut wird, umso mehr Platz wird zur Bildung neuer Zellen geschaffen. Algen entschlacken noch zusätzlich.

Mineralienbad mit weißen Algen

Dieses Bad ist reich an Mineralien (Natrium, Kalium, Kalzium, Magnesium, Selen, Chrom, Kobalt, Kupfer, Zink, Jod). Es regt den Lymphfluss an und entschlackt.

Rosskastanienbad

Das Rosskastanienbad dient der Festigung der Venenwände, Abdichtung der Venenkapillaren.

Dadurch werden Flüssigkeitsansammlungen im Gewebe von vornherein reduziert.

Alle Bäder können untereinander gemischt werden.
Moor unterstützt immer die Entschlackung.

Die Entgiftung und Entschlackung kann noch verstärkt werden durch 2 TL Natron.

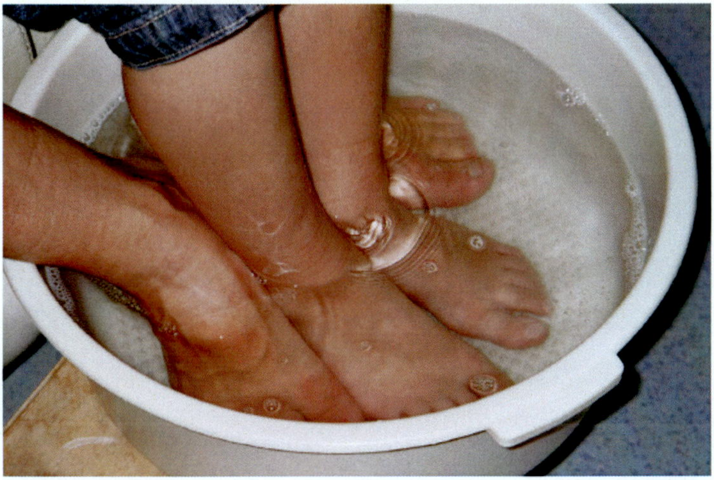

Schlusswort

Spätestens seit dem zweiten Weltkrieg steht die moderne Wissenschaft und Technik vor der großen Frage „Wozu?“. Diese Frage ist in den letzten dreißig Jahren, seit die bedrohliche Zerstörung der Biosphäre deutlich geworden ist, auch für die angeblich neutrale Wissenschaft hochaktuell geworden. Deshalb möchte ich hier, wo ich Wissen weitergebe, kurz die Thematik der Wissenschaftlichkeit ansprechen und einige Gedanken über das Wozu ausbreiten. Seitdem moderne PhysikerInnen, PsychologInnen und besonders auch BewusstseinsforscherInnen auf das Beobachtungsphänomen gestoßen sind, möchte ich mich auch dazu äußern, eine Absicht bei meiner Arbeit zu haben: ich habe gelernt, dass ich nicht subjektlos, neutral und objektiv forschen und beobachten kann. Selbst wenn ich mich als ganz unpersönlich und neutral empfinde, so weiß ich, dass ich in meinem persönlichen, sozialkulturellen Zusammenhang eingebettet bin, aus dem heraus ich denke, fühle und handle, im historischen Kontext, der die Zielrichtung meiner Arbeit bestimmt.

Die Hauptmotive unserer Zivilisation sind seit der industriellen Revolution ökonomischer Art, also die Maximierung des Profits, Kapitalansammlungen und der materielle Wohlstand. Diesem scheinbar höchsten Ziel unserer Zivilisation dient der größte Teil der Forschungen. Es ist sowohl das Hauptmotiv für die einzelnen Bestrebungen nach gesellschaftlicher Anerkennung als auch für unsere Kultur im Gesamten.

Der materielle Wohlstand passt genau wie die Ansammlung von Kapital zu den Naturwissenschaften, weil sie sich wie diese qualifizieren lassen. Seit einigen Jahren ist nun zunehmend ins Bewusstsein vieler Menschen gedrungen, dass die Kehrseite dieses materiellen Wohlstandes die Zerstörung unserer Umwelt, die Verarmung anderer Länder und oft auch eine innere Verarmung und Entfremdung, eine Verschlechterung der Lebensqualität ist. Deshalb ist es mir ein Bedürfnis zu betonen, dass ich dieses Ziel der Vermehrung materiellen Wohlstandes als höchstes Ziel nicht akzeptiere und ihm nicht dienen möchte. Für mich gibt es einen übergeordneten Sinn. Das beginnt für mich mit der Ethik in Wissenschaft und Medizin.

Die meisten NaturwissenschaftlerInnen forschen mit dem Ziel, die Richtigkeit einer Theorie oder Hypothese zu beweisen – zu verifizieren – oder zu falsifizieren – im Grunde, um selbst Recht zu bekommen. Der Richter, der über richtig und falsch urteilt, ist heute in erster Linie die Ökonomie. Richtig ist das, was Geld bringt. Von dem, was sich da nicht positiv niederschlägt, wird wenig gesprochen. Ethik ist für die meisten im besten Fall ein Hobby außerhalb ihrer Wissenschaft und Technik. Erkennen diese Menschen noch nicht, dass sie ihr Handeln von einer durch die objektiven Wissenschaften geforderten ethischen Abstinenz und dem Diktat der Profitmaximierung bestimmen lassen? Ich habe nichts gegen Wohlstand, ich genieße ihn und weiß, wie wichtig er für eine positive Entwicklung sein kann. Doch ich weiß, dass ein Übermaß schädlich für die Gesundheit sein kann – sowohl für unser eigenes Land als auch für die Biosphäre und die Bevölkerungen in anderen Erdteilen und ärmeren Ländern. Wo ist der Maßstab? Sollen wir im Außen, in religiösen Dogmen oder in uns selbst suchen? Ärzte suchen ihn in der gesunden Entwicklung der Menschen, bei Einzelnen, ganzen Völkern und der gesamten Menschheit, in Übereinstimmung mit der Biosphäre. Gesunde Entwicklung betrifft aber nicht nur unseren Körper, sondern auch unsere zwischenmenschlichen Beziehungen, unsere Gefühle, die kulturellen Errungenschaften des Denkens, die religiösen Überzeugungen, den Glauben und natürlich auch den äußeren Rahmen, die Biosphäre, in der das ganze Leben stattfindet. Eine umfassende gesunde Entwicklung bedeutet Evolution der einzelnen Menschen und der Menschheit, sie bedeutet nicht das Erreichen einer Norm von Gesundheit, wohl aber eine Annäherung an ein uns innewohnendes ideales Bild von Gesundheit, auch Erhöhung der Lebensqualität, sowohl individuell und sozialkulturell als auch global und spirituell. Behinderte, schwerkranke und alte Menschen können sich in diesem Sinn von ihrem Ausgangspunkt aus gesund entwickeln, wie alle anderen jeweils von ihrem Ausgangspunkt aus. Die gesunde Entwicklung ist selbstbestimmt, selbst organisiert. Ich möchte bei dieser Ausarbeitung mit dem Thema Ethik und Resonanzen etwas ganz Wesentliches damit ausdrücken, wie auch in meinen Vorträgen auf Huter-, Heilpraktiker-, Ärzte- und wissenschaftlichen Kongressen. Aus dem Anerkennen hat sich eine Ethik der Verantwortung ergeben. Wohl wissend, dass jeder Mensch, alle WissenschaftlerInnen und ÄrztInnen jeweils ein schöpferischer Bestandteil eines großen evolutionären Entwicklungsprozesses ist, können wir anders und verantwortungsbewusst für uns und für alle Menschen sinnvoll handeln. Evolution verbindet und vereint alle realen Systeme, und deshalb auch alle faktischen Wissenschaften. Sie ist ein wahrhaftiger, synthetischer Gesichtspunkt, schreibt Gerhard Vollmer in „Evolutionäre Erkenntnistheorie". Auch die Theorie der Selbstorganisation ist eine synthetische Betrachtungsweise und integriert alle Wissenschaften von der Quantenphysik bis hin zu den Sozial- und Geisteswissenschaften. Die Betrachtung der Physiologenese, eine evolutive Selbstorganisation, soll uns mit dem schöpferischen Prinzip vertraut machen und uns zu einer Idee unserer Ganzheit verhelfen, die in die größte Ganzheit eingebunden ist. Die Selbstorganisation und Evolution, die physikalischen/chemischen Phänomene – ein integraler Bestandteil der lebendigen Selbstorganisation der Biosphäre und des Universums.

Die Zellen kommunizieren miteinander, ebenso die Organe. Was der Kopf denkt, das ‚sprechen' nachher auch die Organe.

Ich wünsche Ihnen auf all Ihren FUSS-wegen das Beste, Wohlergehen und die Liebe und Sorge zu Ihren Füssen.

Über die Autorin

In Kundl/Tirol 1950 geboren, lernte sie früh Verantwortung zu übernehmen und mit der Natur umzugehen. Liebevolle Eltern und vier Geschwister in der schönen Bergwelt waren ihr Reichtum und Freude. Schule, Arbeiten, Haushaltslehre und die Ausbildung zur Chemielaborantin waren in der Jugend ihre ersten beruflichen Entwicklungen. Danach begann sie zu reisen und ging nach Berlin. Dort ließ sie sich zur Hotelfachfrau ausbilden.

In Stuttgart war es dann Zeit, einige Bürotätigkeiten zu erlernen: Sekretariat, Bilanzbuchhaltung und Büroorganisation. Nach all diesen ausgeübten Berufen kam die Heirat, Sohn Frank bereicherte das Leben. Anna Maria Schneider wurde zusammen mit ihrem Ehemann Herbert Unternehmerin im gemeinsamen Schreinereibetrieb im Schwarzwald. 18-jähriges Ehrenamt als Vorsitzende des Arbeitskreises der Unternehmerfrauen im Handwerk, Freudenstadt. 1978 kam sie über Elisabeth Hofmann, ebenfalls Unternehmerin im Handwerk, zur Physiognomik. Voller Begeisterung und Wissensfreude erwarb sie sich durch ein Studium in Zürich am Helioda-Institut von Dr. Walter Alispach das Diplom in Physiognomik nach Carl Huter. Weiteres Interesse galt dem Thema „Dein Platz in der Familie“. Hellinger war ihre nächste Bereicherung.

Ihr Interesse und Freude galt immer dem ganzheitlichen Menschen. Aus Gesichtern konnte sie nun lesen, aus Füßen noch nicht. Ihr war wichtig zu wissen, was die Füße uns zeigen. Die medizinische Ausbildung zur Fußspezialistin in Pforzheim bei Ruck war von großer Bedeutung.

Durch das Buch von Norbert Glas: „Die Füße offenbaren den menschlichen Willen“ kam sie zu den tiefen Zusammenhängen von Körper, Geist und Seele und wollte die Zusammenhänge noch genauer verstehen. Damit war die Grundlage für dieses Buch entstanden.

Vielen Ratsuchenden sowie den Wissenden kann sie immer wieder neue Wege zur Selbsterkenntnis öffnen. Anna Maria Schneider gibt seit 20 Jahren die Physiognomik nach Carl Huter und das Fußlesen in Seminaren/Vorträgen weiter.

Für Informationen zu Kursen, Vorträgen, Einzelsitzungen, wenden Sie sich direkt an

Anna Maria Schneider
D-69469 Weinheim
www.physiognomika.de

Literatur

Alispach, Walter; Meiser, Berthold: Der Innerlichkeits- und der Äusserlichkeitsmensch – Carl Huters psychologische Typen. Helioda-Verlag, 3. erweiterte Auflage, Zürich, 1992

Calmini, Manuela; Dr. Grüner, Cordula: Zähne und Gesundheit. Haug Verlag, Heidelberg, 1997

Ferronato, Natale: Pathophysiognomik. Atlas der organ- und funktionsspezifischen Krankheitszeichen im Gesicht. Kürbis Verlag, CH-Uitikom Waldegg, 2000

Frank, Elsa M.: Wege zur Menschenkenntnis- Wissenschaft nach Carl Huter. Verlag des Psychotherapeutischen Instituts Bergerhausen, Duisburg, 2009

Glas, Norbert: Die Füße offenbaren den menschlichen Willen, J. Ch. Mellinger Verlag GmbH, Gerabronn/Württ., 1982

Grinberg, Avi: Fuß-Diagnose. Die Füße - Spiegel der Seele, Ein praktisches Arbeitsbuch. Goldmann Verlag, München,1996

Huter, Carl: Dein Körper, ein Spiegel von Geist und Seele. Aphorismen aus den Werken zur Lehre der Psycho-Physiognomik ausgewählt von Wilma Castrian. Kaltenbach-Verlag, CH/Dürnten, 1992

Huter, Carl: Hauptwerk. Menschenkenntnis. Körperformen und Gesichts-Ausdrucks-Kunde. Psycho-physiognomische Unterrichtsbriefe. 5. Lehrbrief. Detmold, 1904. PPV Psycho-Physiognomik; 5. Auflage, unveränderter Nachdruck der 4. Auflage 2009

Käser, Joachim; Schütz, Irene: Karma, Der Schlüssel zum Schicksal. Hugendubel Verlag, Kreuzlingen/München, 2008

Klinge, Anne: www.fusstheater.de

Kopp, Reinhold: Das Geheimnis schöner Haare. Kösel Verlag, 4. Auflage, München, 2002

Marks, Lena: Du und ich in unserem Temperament – Aufgabe zur Toleranz, Books on Demand GmbH, Norderstedt, 2001

Marquardt, Hanne: Die Reflexzonentherapie am Fuß. Verlag Hanne Marquardt, 56. Auflage, Königsfeld Burgberg, 2006

Müller, Manfred: Das Gesicht als Spiegel der Gesundheit. Haug, Stuttgart, 1. Auflage, 2003

Paracelsus: Von den Geheimnissen der Natur. Weisheiten des Arztes Paracelsus. Längen-Müller, München, 1990

Passian, Rudolf: Der Engelreigen. WerSch Verlag, Ravensburg, 2. Auflage, 2004

Passian, Rudolf: Licht und Schattenseiten der Esoterik. Reichl Verlag, St. Goar, 5. Auflage, 1988

Pearsall, P.: Heilung aus dem Herzen. Goldmann, München, 1999
Pfister, Patrizia: Kryon, Weckruf für die Menschheit. Smaragd Verlag, Woldert, 2008

Pinl, Armin: Face Reading - Was das Gesicht über die Persönlichkeit verrät. Kösel Verlag, München, 2004

Plas, Margot van de Plas: Rick und Jorn, Phrenologie. Verlag des Psychotherapeutischen Instituts Bergerhausen, Duisburg, 2010

Raab, Karl-Heinz: Dein Gesicht, der Spiegel der Gesundheit. ppv-Verlag, Schwanstetten, 1999

Ruck, Hellmut: Das Buch der Fußpflege. 10. Auflage 1990
Schwester Masafret, Hedi: Gesund in die Zukunft. Trema-Verlag, Zürich, 1975

Somogyi, Imre: Die Sprache der Zehen. Was uns die Füße verraten. Haug Verlag, Heidelberg, 1997

Tomatis, A.: Das Ohr und das Leben. Erforschung der seelischen Klangwelt. Walter, Düsseldorf, 2000

Vollmer, Gerhard: Evolutionäre Erkenntnistheorie. Angeborene Erkenntnisstrukturen im Kontext von Biologie, Psychologie, Linguistik, Philosophie und Wissenschaftstheorie. Hirzel Verlag, Stuttgart, 2002;8

Weber, Gunthard (Hrsg.): Zweierlei Glück, Die systemische Psychotherapie Bert Hellingers. Heidelberg, 12. Auflage 1999
Dychtwald, K.: Körperbewusstsein. Synthesis, Essen, 1981

Wilber, Ken (Hrsg.): Das holographische Weltbild. Scherz, Bern/München, 1988

Margot van de Plas - Rick und Jorn

Eine Schriftenreihe des
Psychotherapeutischen
Instituts Bergerhausen

Margot van de Plas

39,50 €
verlag.pib-zentrum.de

Rick und Jorn

eine phrenologische, psycho-physiognomische und graphologische Untersuchung bei eineiigen Zwillingen

Hrsg. Hans-Werner Gessmann

Verlag des Psychotherapeutischen Instituts Bergerhausen